Jean

Professeur à l'univers

GW01445286

INTRODUCTION À L'ETHNOLOGIE ET À L'ANTHROPOLOGIE

Ouvrage publié sous la direction de
François de Singly

NATHAN

Dans la même collection

Domaine : Sciences sociales

18. François de Singly, *L'Enquête et ses méthodes : le questionnaire*
19. Alain Blanchet, Anne Gotman, *L'Enquête et ses méthodes : l'entretien*
37. François de Singly, *Sociologie de la famille contemporaine*
41. Marcelle Stroobants, *Sociologie du travail*
46. Yves Grafmeyer, *Sociologie urbaine*
69. Philippe Adam, Claudine Herzlich, *Sociologie de la maladie et de la médecine*
88. Philipe Corcuff, *Les Nouvelles Sociologies*
98. Claudette Lafaye, *Sociologie des organisations*
99. Catherine Rollet, *Introduction à la démographie*
107. Jean-Manuel de Queiroz, *L'École et ses sociologies*
119. François Laplantine, *La Desription ethnographique*
122. Daniel Bertaux, *Les Récits de vie*
137. Jean-Claude Kaufmann, *L'Entretien compréhensif*
184. Jérôme Lafargue, *La Protestation collective*
209. Martine Segalen, *Rites et rituels contemporains*
210. Jean Copans, *L'Enquête ethnologique de terrain*
216. Anne-Marie Arborio, Pierre Fournier, *L'Enquête et ses méthodes : l'observation directe*
240. Olivier Martin, *Sociologie des sciences*
241. Emmanuel Pedler, *Sociologie de la communication*
247. Philippe Corcuff, *Philosophie politique*
260. Vincent Caradec, *Sociologie de la vieillesse et du vieillissement*

Édition : Claire Hennaut
Internet : http://www.nathan-u.com

© Nathan 1996.
© Nathan/VUEF 2002 pour la présente impression.
ISBN : 2-09-190694-8

SOMMAIRE

INTRODUCTION : Un projet original 5

1. LE MÉTIER D'ANTHROPOLOGUE 12
    1. Des œuvres...13
    2. Les objets scientifiques..15
    3. Les enquêtes..18
    4. Un homme-orchestre : l'anthropologue 21
    5. Idées et théories 23
    6. Spécialisations thématiques et traditions nationales..........................27

2. LA QUESTION DES ORIGINES ET LA CONSTRUCTION
DU CHAMP ETHNOLOGIQUE 30
    1. Les étapes du regard occidental 32
        1.1 Théologie et philosophie..32
        1.2 Une problématique théorique et empirique 35
    2. Le(s) modèle(s) classique(s)..40
    3. Dilemmes fondateurs et contradictions historiques............................44
        3.1 L'origine de l'espèce humaine et le rapport à la nature 45
        3.2 Le social et le symbolique..46

3. LES LIENS DU SOCIAL...49
    1. Hommes et femmes : genre et parenté..51
        1.1 Les fondements biologiques et sociaux 51
        1.2 La parenté 53
        1.3 Des clans aux classes d'âge 59
    2. De l'ordre social aux systèmes politiques....................................61
        2.1 Pourquoi penser le politique ?..61
        2.2 Diversité des systèmes d'État 63
        2.3 Des conflits au changement 65

3. Subsistance, échange, commerce 70
   3.1 Une anthropologie économique 70
   3.2 Chasseurs-cueilleurs, éleveurs 72
   3.3 Communautés villageoises et transformations économiques...........74

4. Cultures et symboles, rituels et langages 77
   1. Ordre et rationalité des croyances 80
   1.1 Du surnaturel au rituel : la religion 80
   1.2 Totémisme, magie, sorcellerie 82
   1.3 Du rituel à la mythologie..85
   2. Langues, langage et pensée sauvage 88
   2.1 Le rôle de la linguistique...88
   2.2 La mythologie structuraliste de Lévi-Strauss 89
   3. Acculturations, syncrétismes : de nouvelles cultures ? 92

5. Renouvellements et/ou mutations ? 95
   1. De la modernisation des Autres à la modernité de Soi............96
   1.1 L'acculturation coloniale 96
   1.2 Le changement social de la modernité................................98
   1.3 Du folklore à l'ethnologie de la France moderne 100
   2. L'anthropologie, une science sociale comme les autres ?....................103
   2.1 Application et demande sociale 104
   2.2 L'anthropologie visuelle 107
   2.3 Le courant postmoderniste 109

Conclusion : Du regard éloigné au regard partagé 112

Annexes :
   1. 26 grandes enquêtes...116
   2. Bibliographie 119
   3. Anthropologie visuelle – Filmographie 126
   4. Associations..128

INTRODUCTION : UN PROJET ORIGINAL

> « La recherche de terrain est à l'anthropologie
> ce que le sang des martyrs est à l'église. »
> C.G. Seligman

Pourquoi l'ethnologie et l'anthropologie ? Pourquoi existe-t-il plusieurs disciplines, apparemment très distinctes, pour étudier et expliquer la vie des hommes et des femmes en société ? On conçoit facilement que la vie des générations décédées demande des méthodes et un état d'esprit particulier : l'histoire. On comprend également que les relations aux espaces et milieux à la fois naturels et humains fassent l'objet d'une préoccupation scientifique : la géographie ; ou encore que langues et langages aient suscité la linguistique, ou que les phénomènes à la fois biologiques et sociaux de l'espèce humaine, aient pu fonder une discipline autonome, la démographie. Enfin, que la psychologie et ses disciplines connexes comme la psychanalyse existent, cela ne devrait pas surprendre outre mesure.

Mais pourquoi séparer l'ethnologie de la sociologie au point que chacune caricature allégrement l'autre tout en empruntant, sans vergogne, quelques-unes de ses techniques, méthodes ou idées ? Aujourd'hui, ce sont les objets mêmes de recherche qui paraissent à première vue semblables ou équivalents. Pourtant, la symétrie entre les deux ensembles disciplinaires peut se discuter parce que leurs histoires ont révélé des différences qu'on a définies pendant longtemps comme étant de nature, même si aujourd'hui elles ne semblent être que de degré. Pourtant, l'histoire des sciences qui construit ou justifie une tradition peut être revue et corrigée. Ceux qui, dans les années 1960-1970, fustigeaient la discipline anthropologique comme fille du colonialisme ou de l'impérialisme signifiaient par là l'étroite ressemblance entre le projet civilisateur de l'Occident et les moyens utilisés, y compris ethnologiques, pour le conforter. Mais n'était-il pas possible de mettre en lumière, de façon aussi schématique, les racines « capitalistes » de la sociologie lorsqu'elle étudie par exemple l'organisation du travail industriel ou les logiques implicites de l'apprentissage scolaire ?

La différence sociale, l'altérité culturelle existent bel et bien et peuvent justifier des démarches adaptées et spécifiques. Le problème n'est pas là. Il est plutôt de savoir et, depuis quelques années, les réflexions vont bon train sur ce thème, si la différence qui a donné naissance à l'ethnologie était bien la bonne. En d'autres termes, la perspective globalement qualifiée d'évolutionniste avait catégorisé l'Autre comme Primitif. Or, on s'aperçoit aujourd'hui que celui-ci n'a jamais existé, ni au XVIIIe ni au XIXe, et encore moins au XXe siècle. Le Primitif est une invention, comme nous l'explique Adam Kuper (1988), une invention ancienne confortée par des théories et des exemples. Mais aujourd'hui l'exotisme est mort, conclut Marc Augé (1994a, pp. 188-190). L'Autre, c'est moi-même, d'une part parce que les Autres ont à leur tour le droit à la parole et d'autre part, parce que l'univers social contemporain a dissous jusqu'au plus profond de chacun d'entre nous les références identitaires qui ordonnancent les différences majeures de civilisation, de culture, de genre, de personne. Reste à savoir toutefois si cette nouvelle façon de concevoir la différence est circonstancielle ou épistémologiquement fondée de façon irrémédiable, si elle provient de l'évolution du monde auquel les sciences sociales s'affrontent ou d'une critique interne, d'une liberté spéculative des ethnologues eux-mêmes ? Toujours est-il que l'ethnologie et l'anthropologie ne sont plus ce qu'elles étaient et que l'approfondissement de la réflexion sur leur histoire et leur fonctionnement démontre qu'elles n'ont peut-être jamais été ce qu'elles affirmaient être. Le plus beau des mythes de la recherche ethnologique, c'est bien celui de l'ethnologie elle-même !

C'est pourquoi cet ouvrage comprend implicitement deux parties : la première (chapitres 1 et 2) s'efforce de définir la démarche d'ensemble des disciplines en rappelant les logiques historiques et intellectuelles qui ont présidé à leur fondation et à leur évolution. La seconde (chapitres 3, 4 et 5) présente un caractère plutôt panoramique et évoque les grands domaines d'hier et d'aujourd'hui. Cette partie est parfois allusive, parfois plus systématique. Des lacunes sont identifiables quoique nous ayons tenu à évoquer le plus possible de thématiques nouvelles. Il n'est pas souhaitable de réduire un manuel introductif à un commentaire bibliographique mais il est certain que notre intention est contradictoire : rappeler les évidences d'une tradition scientifique tout en signalant les ruptures et les conséquences de ces remises en cause. Dans la mesure où l'ethnologie et l'anthropologie se sont beaucoup transformées sur un siècle, les innovateurs d'aujourd'hui seront peut-être les (nouveaux) fondateurs de demain.

En l'occurrence le dernier cri de la recherche (du moins à mon avis) fait partie de l'identité anthropologique. Énumérons quelques exemples dans le désordre. L'identité culturelle d'une prostituée sénégalaise, la vie d'un bureau d'aide sociale britannique, la culture des majorettes, le commerce des objets d'art primitif, les familles Soninke (du Sénégal) de la région parisienne, la vie sexuelle des chercheurs sur le terrain, la chasse au loup, la pensée kikuyu (du Kenya) du mouvement anticolonial Mau-Mau, la servitude paternaliste en Amazonie, l'intellectualité des paysans de Tanzanie, l'écrit et l'oral chez les élèves maliens, etc., sont autant de « nouveautés » au rayon de l'ethnologie et de l'anthropologie[1].

Résumons-nous. La définition de ces deux disciplines est à géométrie variable à cause de la variété historique et géographique des expériences et des traditions nationales. L'encadré ci-dessous se propose de la préciser.

Ethnographie - Ethnologie - Anthropologie
Essai de définition

Malgré un bon siècle d'histoire, la diversité des traditions nationales, des programmes thématiques, des options théoriques reste suffisamment prégnante et dynamique pour infléchir toute tentative d'une définition minimale reconnue à l'échelle internationale. On adoptera ici une perspective induite par l'expérience française pour justifier l'usage courant de plusieurs termes d'apparence plus ou moins synonyme.

Anthropologie

C'est le terme le plus général, le plus englobant, et qui reflète la complexité des objets possibles de toute science de l'homme. Construit

---

1. Tous ces thèmes ont été l'objet d'une publication au cours des cinq dernières années.

par référence au latin *anthropologia*, emprunté au grec *anthropologos* (*anthropos* : être humain), cette discipline a d'abord évoqué aux XVIᵉ et XVIIᵉ siècles une perspective allégorique ou une étude de l'âme et du corps. Mais on ne retrouve pas le terme dans le dictionnaire de Furetière (1690). À la fin du XVIIIᵉ siècle, anthropologie prend plusieurs sens. Il y a d'abord la perspective naturaliste : ainsi Diderot qualifie l'anatomie d'anthropologie dans *L'Encyclopédie* en 1751 et l'Allemand F. Blumenbach la définit en 1795 comme une science naturelle. C'est d'ailleurs ce sens d'anthropologie physique qu'elle va acquérir et conserver en France jusqu'au milieu du XXᵉ siècle.

L'autre sens, plus synthétique (et qui va inclure une ethnologie) remonte au théologien suisse A.C. de Chavannes qui publie en 1788 une *Anthropologie ou science générale de l'Homme*. La même année, le philosophe allemand E. Kant intitule son dernier ouvrage *L'Anthropologie du point de vue pragmatique*. Les membres de la Société des observateurs de l'Homme (1799-1804) utilisent le terme dans une telle perspective mais certains lui conservent son sens restreint (anatomie, science médicale). Dans le monde anglo-saxon, le terme anthropologie va recouvrir toutes les disciplines qui explorent le passé et le présent de l'évolution de l'homme : les sciences naturelles, archéologiques, linguistiques et ethnologiques. Ce n'est qu'à la fin du XIXᵉ siècle que le terme prend un sens plus précis, lorsque le qualificatif de *sociale* lui est accolé en Grande-Bretagne et celui de *culturelle* aux États-Unis. Il faut donc bien distinguer l'usage courant d'*anthropology* en anglais, qui peut désigner aussi bien un ensemble de sciences humaines, naturelles et historiques qu'une discipline sociale ou culturelle plus ou moins proche de l'ethnologie.

Sous l'influence de son séjour aux États-Unis pendant la dernière guerre mondiale, Claude Lévi-Strauss va, au cours des années 1950, reprendre l'expression d'anthropologie dans le sens d'une **science sociale et culturelle générale de l'homme**. De plus, il lui adjoindra le qualificatif de structurale pour bien marquer l'orientation théorique qui est la sienne. À la même époque, l'étude du changement social et culturel conduira de son côté G. Balandier à préférer d'abord le terme de sociologie puis d'anthropologie à celui d'ethnologie. Depuis les années 1960, le terme d'anthropologie a partiellement remplacé celui d'ethnologie en France à cause de cette perspective plus globale. Toutefois, les deux termes se maintiennent selon les institutions, les circonstances, ou l'orientation méthodologique. On peut les utiliser comme des synonymes même si l'expression d'anthropologie semble aujourd'hui plus répandue.

Ethnographie et ethnologie

Construits à partir d'une racine grecque commune (*ethnos* : groupe, peuple), ces deux termes apparaissent fin XVIIIᵉ-début XIXᵉ siècle. L'*ethnographie* s'intéresse d'abord au classement des langues alors que l'*ethnologie* possède un sens plus raciologique de classement des peuples et des races. Dès 1772, l'Allemand A.L. Schlüzer utilise l'adjectif *ethnographique* dans sa *Présentation d'une histoire universelle*. La bibliographie de G.H. Stuck de 1784 comporte une rubrique sur les mœurs « et autres curiosités ethnographiques ». Mais c'est plus tard, après la publication en 1824 par A. Balbi d'un *Atlas ethnographique du globe,* que le terme se vulgarise pour prendre son sens actuel de **description des faits**. Quant à *ethnologie*, c'est encore le Suisse A.C. de Chavannes qui le propose dans son *Anthropologie* de 1788. L'ethnologie est d'abord une **science qui reconstitue l'histoire des peuples** et c'est cet aspect spéculatif qui discréditera l'emploi de ce terme en anglais face à celui d'*anthropologie*.

Par contre, ce terme se spécialise en France pour se distinguer de la sociologie comme science sociale. La création de l'Institut d'ethnologie en 1925 confirme cette définition comparatiste et généralisante. L'ethnologie utilise les matériaux de l'ethnographie mais conserve une perspective souvent statique et descriptive. Elle peut aussi avoir tendance, parfois, à neutraliser la dynamique temporelle qui traverse toute société ou culture. Elle peut également concerner notre propre société : c'est le terme retenu par le ministère de la Culture pour qualifier la Mission du Patrimoine ethnologique créée en 1980.

Le passage de l'ethnographie à l'ethnologie puis à l'anthropologie révèle à la fois un emboîtement apparemment technique voire théorique et un processus de généralisation et de comparaison de plus en plus ample. Ce mouvement nous conduit de la description soi-disant objective et neutre d'une population à une réflexion plus systématique et comparative et enfin à une méditation abstraite et universelle sur le devenir des cultures. Pourtant ce schéma est plus logique qu'historique et l'autonomie de chacune de ces disciplines a toujours été relative. Les traditions scientifiques nationales infléchissent tout naturellement cette progression et l'ensemble de ces trois approches constitue en fin de compte une seule et même discipline.

Une dynamique historique

L'ethnologie, et surtout l'anthropologie dans sa définition totalisante, révèlent à la fois des préoccupations particulières et des interrogations scientifiques universelles qu'il serait possible de résumer par les quatre propositions suivantes :

– Elles constituent la forme la plus paradoxale de l'invention moderne des sciences sociales dans la mesure où il s'agit de fonder une différence et ce faisant de privilégier l'Autre et non plus soi-même.

– Cette différence serait inscrite dans l'évolution même des sociétés et des cultures humaines.

– Pourtant cette différence n'est pas une essence mais une histoire. C'est pourquoi l'objet connaît de si nombreuses définitions depuis les origines de la discipline : primitifs, cultures, traditions, ethnies, sociétés complexes. Cette histoire est celle d'une relation, d'une méthode, l'observation participante [voir encadré, p. 41], qui en vient à symboliser la nature même de la discipline : un aller et un retour entre deux ou plusieurs mondes.

Participant du changement même des sociétés et des cultures, l'ethnologie et l'anthropologie témoignent, prouvent et traduisent. La différence s'élabore dans le texte que rédige le chercheur dans sa propre langue. La discordance entre le présent ethnographique qui n'est le plus souvent qu'une forme reconstituée d'un passé récent et le présent, sollicité avant tout par le sociologue, mais réapproprié ou recapturé de plus en plus par l'ethnologue, est en train de disparaître. Aujourd'hui le local et le global s'interpénètrent réciproquement partout. C'est pourquoi on peut affirmer très sérieusement que, pour le moment, ces deux disciplines sont les mieux placées pour dire simultanément le désordre des choses et l'ordre de leurs représentations.

L'ethnologie, et notamment ses méthodes, est néanmoins l'objet d'imitations ou d'emprunts de plus en plus nombreux, en histoire, en géographie, en sciences de l'éducation, en sociologie. Ces lectures plutôt utilitaristes font toutefois souvent l'impasse sur les renouvellements et les interrogations nouvelles qui s'imposent aux préoccupations originelles de la discipline. La force et le succès du modèle philosophique et analytique développé par l'approche structurale de Claude Lévi-Strauss (l'anthropologue le plus réputé à l'échelle internationale au cours des années 1960-1980) y sont probablement pour beaucoup.

Je remercie Bertrand Masquelier et Michelle Copans de leur lecture attentive.

1

LE MÉTIER D'ANTHROPOLOGUE

L'ethnologie a toujours été associée, depuis ses origines anciennes et philosophiques, au dépaysement, à l'expérience personnelle, au questionnement moral sur l'identité d'autrui, en un mot à une forme d'héroïsme romantique et solitaire. Aujourd'hui encore, alors que de nombreuses recherches se consacrent à des terrains français ou européens, cette image continue de vivre et de prospérer comme s'il n'y avait aucun lien entre une activité professionnelle devenue parfaitement institutionnalisée et une image de marque de plus en plus mythique, voire mystificatrice. Pour faire de l'ethnologie, il faut faire un certain nombre de choses et d'une certaine façon : c'est dire que la balade journalistique, l'intérêt pour des cultures de l'oralité ou de la tradition, l'enquête dite qualitative ou l'attention portée aux cultures étrangères (y compris celles des populations immigrées) ne définissent nullement cette discipline, que ce soit au niveau de son projet, de sa méthode ou de son objet.

Que trouve-t-on dans la « boîte noire » de l'ethnologie ? Pour commencer, il existe une série d'*œuvres* qui relèvent de trois catégories : il y a tout d'abord les **objets** rapportés des voyages au sein des autres cultures ; des objets matériels que l'on collectionne, que l'on classe et que l'on expose dans des musées plus ou moins spécialisés. Il y a ensuite, et surtout, des **textes** ; ces textes, aux objectifs et aux écritures les plus variés, proviennent d'un patrimoine international. L'ouvrage (ou l'article) d'ethnologie se donne immédiatement en plusieurs langues et nous sommes encore largement tributaires, comme dans les autres sciences sociales, de traditions scientifiques nationales multiples et incontournables. Enfin, l'ethnologie, ce sont aussi des **images** : photographies, films et maintenant vidéos. Ces images ne sont pas seulement utilisées à des fins d'illustration, de documentation ou même de preuve, elles sont de plus en plus un moyen scientifique d'analyse et d'explication. Cet inventaire est celui, en quelque sorte, des produits de la recherche.

La fréquentation des œuvres doit nous permettre de saisir plus précisément l'organisation interne du projet ethnologique. De manière schématique, ce dernier porte sur trois points :

– les objets sociaux et culturels que désigne et reconstruit ce projet (ce que l'ethnologie veut nous dire et nous décrire) ;
– l'enquête de terrain (de longue durée) qui reste l'approche la plus totalisante, et la plus engagée personnellement, de production des connaissances ;
– les idées et les théories enfin qui non seulement expliquent le réel, mais justifient, après coup, les raisons d'être d'une discipline autonome. Toutefois, une telle présentation n'épuise pas la dynamique réelle de l'ethnologie qui se présente le plus souvent comme un ensemble de découpages et de spécialisations aussi bien thématiques que géographiques, ensemble qui reste largement déterminé par la dialectique des traditions scientifiques nationales et des évolutions sociopolitiques mondiales.

1. DES ŒUVRES

Dès les premiers voyages transocéaniques de la Renaissance, les marins, missionnaires et les commerçants rapportent des objets usuels ou cérémoniels, à la fois témoignages d'arts décoratifs ou artisanaux et de genres de vie ou d'usages exotiques. La plus ancienne pièce du musée de l'Homme de Paris est un manteau à plumes des Indiens Tupinamba rapporté par le cosmographe Thevet et destiné au roi François Iᵉʳ. Les collections ou cabinets de curiosité se multiplient à partir de cette époque. Mais ce n'est qu'au XIXᵉ siècle que les musées tels qu'on les entend aujourd'hui se mettent sur pied. L'esprit évolutionniste de l'époque, de même que le contexte colonial, expliquent la systématisation de la présentation mais aussi de la collecte. La culture s'explique d'abord par ses produits, par sa matérialité : les objets actuels, à l'instar des vestiges archéologiques, permettent de reconstituer les origines de l'humanité, de comparer les techniques et le sens des objets, de classer à distance, à partir d'échantillons, les sociétés et les cultures. Certains n'hésitent même pas à proposer des expositions vivantes grâce à la venue (tout à fait organisée) de « spécimens » humains. Les cirques et les expositions coloniales importeront des « sauvages » jusque dans les années 1930. Les arts primitifs comme moyen de critique et de distanciation des conventions occidentales sont enfin un des exemples les plus célèbres de la valorisation exotique de ces objets (Picasso rencontre l'art « nègre » en 1907).

Aux musées d'ethnographie générale, d'histoire naturelle ou de préhistoire s'ajoutent des musées plus spécialisés d'ethnologie régionale qui prennent le relais des collections folkloriques. À partir de 1937, on parlera d'arts et de traditions populaires. Aujourd'hui ces musées, parfois de plein air, connaissent un certain succès en Europe (le premier exemple est le Nordiska Museet de Stockholm qui remonte à 1873) : ils ont reçu l'appellation d'écomusées qui, parfois, portent aussi sur les réalités urbaines et industrielles du XXe siècle.

L'ethnologie se constitue en science sociale autonome à la fin du XIXe siècle mais de nombreux ouvrages publiés avant cette période ont été classés dans les rubriques du document ethnographique, de la réflexion méthodologique ou même de l'élaboration théorique. De même aujourd'hui, de nombreux textes dessinent une périphérie littéraire, sentimentale, de témoignage autour de l'ouvrage ou de l'article proprement scientifique, qu'il serait malvenu d'exclure *a priori* de notre inventaire[1].

Depuis une dizaine d'années, sous l'impulsion des chercheurs américains influencés par les philosophes français de la postmodernité et de la déconstruction (R. Barthes, J. Derrida, J.-F. Lyotard notamment), la critique et la relecture du texte anthropologique sont à l'ordre du jour. L'évidence de l'écriture ethnologique n'est plus de mise. Certes, les préjugés coloniaux sont critiqués depuis longtemps, de même qu'ont été mis en lumière les désirs et les transferts de nature psychanalytique entre l'ethnologue et son terrain, « ses gens », c'est-à-dire son objet (voir Michel Leiris, Roger Bastide). Mais aujourd'hui, l'évaluation critique porte à la fois sur la réalité intrinsèquement sociale de toute relation d'enquête et sur le contenu culturel des traditions ethnologiques attachés à telle ou telle population. Le vocabulaire du langage scientifique modifie la signification de l'Autre, de même que l'écrit modifie à jamais l'existence et la présence orales des cultures ethnographiées.

C'est pourquoi le patrimoine livresque de cette discipline ne ressemble à aucun autre, car non seulement il est chargé d'une historicité et d'une situation sociale donnée, à l'exemple des œuvres de la sociologie et de toutes les sciences sociales, mais surtout il manifeste la réinvention d'une sociabilité

---

1. Citons *Vendredi ou les limbes du Pacifique* de Michel Tournier, les romans policiers de Arthur Upfield dont le héros est un aborigène d'Australie (10/18) et ceux de Tony Hillerman avec leurs deux détectives indiens navajo des États-Unis (Rivages).

spécifique (la relation intime de l'enquête de terrain) et d'un dialogue des cultures réinterprété de façon sophistiquée au plan des idées abstraites d'une théorie. En effet, qui parle dans le texte ethnologique ? l'observateur, ses interlocuteurs locaux, la culture qu'« ils représentent » ou plus prosaïquement les fantasmes scientifiques, idéologiques et, pourquoi pas, personnels, de l'ethnologue qui a vécu plusieurs mois (ou années) au sein de cette culture ? Plus sommairement, le texte est tout à la fois source, preuve, traduction, mais aussi synthèse ou vulgarisation, c'est-à-dire appauvrissement. Aujourd'hui la boucle est bouclée car, en de nombreux lieux, l'ouvrage ethnologique permet aux spécialistes autochtones de la tradition de se ressourcer. Paradoxalement le témoignage d'une époque maintenant révolue participe du phénomène de la réinvention de la tradition étudié par les chercheurs actuels.

L'image fixe puis en mouvement constitue le troisième élément du corpus de l'ethnologie. Bien avant l'invention de la photographie ou du cinéma, le dessin et la peinture, d'après original ou en illustration de récits de voyage, procurent une traduction visuelle de l'altérité exotique ainsi que de son environnement, de sa couleur. Ces images constituent aujourd'hui une importante documentation historique (et évidemment esthétique) mais tout aussi problématisée que les écrits ou les objets parce que l'interprétation visuelle, comme plus tard, le montage filmique, renvoie *a priori* à une représentation culturelle fort peu ethnologique. En fait, aujourd'hui, le cinéma ethnologique doit refuser le sensationnel pour reproduire à sa façon les principes de l'enquête et de l'explication ethnologique. Aujourd'hui, l'image envahit notre perception des mondes proches et lointains mais il faut regarder, utiliser et produire des images ethnologiques pour ne pas se laisser prendre au piège du voyeurisme, du journalisme de grand reportage ou de l'illusion du réel. Le meilleur antidote contre l'image, c'est probablement d'autres images et non des mots, mais des images dont on expliciterait l'ensemble des conditions de production.

2. LES OBJETS SCIENTIFIQUES

Les réalités sociales et culturelles des populations lointaines se transforment donc, au fur et à mesure des expériences de contact, de fréquentation et d'observation, en autant de figures historiques ou idéologiques (le primitif, le chasseur-cueilleur, le paysan, etc.), et enfin en objets scientifiques qui fournissent l'explication du fonctionnement des sociétés. Ce peut être une relation matrimoniale (le mariage préférentiel entre cousins croisés), un instrument et son mode d'utilisation (le bâton à fouir et l'agriculture itinérante), une forme politique (la chefferie ou la royauté sacrée), un système de rituel (le totémisme). Le vécu empirique prend ainsi des formes abstraites dont la mise en ordre et la disposition dessinent l'image réelle de la discipline. C'est pourquoi il est impossible en ethnologie de dissocier le fond de la forme, le contenu du contenant. Le mouvement de découverte et d'identification a toujours reflété l'esprit intellectuel de l'époque et c'est pourquoi la **monographie**, une espèce d'inventaire classificatoire des caractéristiques fondamentales de toute société, reste l'instrument privilégié de l'objectivation de la réalité ethnologique.

La monographie se veut totalisante et exhaustive. Elle présente en effet l'énumération quasi systématique d'une série de sous-ensembles dont la disposition hiérarchique est presque immuable. L'environnement naturel et géographique précède l'habitat et les modes de subsistance (ainsi que les technologies) ; l'organisation sociale (notamment parentale) forme le soubassement des systèmes politiques et éventuellement économiques. La religion et les croyances (sorcellerie, magie, guérisons), les formes d'expression culturelle et esthétique constituent enfin la superstructure. Cette mécanique à tiroir est relativement statique : l'histoire et le changement ne sont finalement qu'une rubrique supplémentaire. La formalisation des monographies finit même par leur retirer tout intérêt comparatiste. Au mieux, les chercheurs produiront des ouvrages collectifs et thématiques qui singulariseront chaque population comme typique[2]. Ce découpage *a priori* relève bien évidemment d'une certaine vision ethnocentrique capable de surplomber l'ensemble d'une autre société et de la résumer ainsi de façon commode.

Mais l'accumulation des faits peut très bien s'accommoder d'explications différentes ou même contradictoires : l'évolutionnisme, le diffusionnisme, le

---

2. Citons dans le domaine africaniste, A.R. Radcliffe-Brown et D. Forde (éds), *Systèmes familiaux et matrimoniaux en Afrique*, Paris, PUF, 1953 et E.E. Evans-Pritchard et M. Fortes (éds), *Systèmes politiques africains*, Paris, PUF, 1964.

fonctionnalisme, le culturalisme et même le marxisme ont connu chacun leur usage monographique. Et comme l'exposition renvoie autant aux méthodes de collecte qu'aux théories explicatives, le lecteur ordinaire reste encore aujourd'hui piégé par l'apparente efficacité de ce genre littéraire, car il s'agit bien de cela. Il existe d'ailleurs plusieurs sous-genres. Au modèle généraliste qui expose l'art de vivre d'une population nommée, qu'elle soit qualifiée de tribu (ou plus récemment depuis 25 ans d'ethnie), de culture ou encore de mode de production, s'ajoute notamment le modèle des âges de la vie (plutôt culturaliste ou folkloriste) qui restitue par ce procédé évolutif (de la naissance à la mort) la diversité des activités auxquelles doit s'adonner naturellement tout individu (de sexe masculin ou féminin).

La monographie ethnologique finit par présenter une situation paradoxale qui superpose à une description ethnographique des plus détaillées — voire fastidieuse — une généralisation allant de soi qui élargit à tout un peuple (des dizaines de milliers ou même de millions d'individus) les leçons tirées de l'observation d'une communauté souvent très restreinte démographiquement. Ce procédé à la fois explicatif et rhétorique permet de codifier une manière de faire comme tradition. Une spécificité locale (un village, un campement, une bande nomade), les caractéristiques idiosyncrasiques d'un sous-groupe particulier, deviennent tout d'un coup le signe d'une identité culturelle, le nom d'un peuple classé dans le grand registre des types de société. Les Dogon, les Nuer, les Yanomami, les Iroquois, les Papous, les Shan, les Kachin et les Trobriandais sont ainsi devenus les symboles de la diversité humaine, par le hasard de la visite d'un ethnologue blanc. Aujourd'hui, les Dogon taxent les touristes, les Nuer dépérissent de la guerre du Sud-Soudan et les Yanomami sont les victimes de chercheurs d'or ; quant aux Trobriandais, ils sont célèbres pour leur adaptation du jeu de cricket ! Mais au hit-parade des monographies, ces populations vivent à jamais l'éternité du présent ethnographique, qu'il remonte aux années 1915, 1930 ou encore 1960, dates des premières enquêtes qui leur ont été consacrées.

Il est, par conséquent, impossible de présenter de façon neutre les objets de la discipline puisqu'il faut, en ce qui concerne les œuvres du passé du moins, les extraire de la gangue formelle qui leur a justement donné une existence scientifique. Les objets de l'ethnologie ne sont pas donnés d'avance. Sans ouvrir tous les débats qui vont suivre, il faut bien comprendre le caractère à la fois historique et conjoncturel des objets ethnologiques. Historique parce que les sociétés observées et les sociétés d'observation sont bien dans le temps mondial ; conjoncturel parce que la rencontre de l'ethnologie et des « ethnologisés » dessine une société temporaire, aléatoire, qui n'est reproductible par aucune expérience. Tout inventaire, dans ce cas, devient arbitraire et contient un modèle d'intelligibilité dont l'explication réside dans les méthodes, les théories, les politiques scientifiques ou encore les compétences professionnelles et personnelles de l'observateur mais non dans des objets préexistants.

Il n'y a pas d'objet scientifique standard puisque la culture, dans sa totalisation indéfinie et permanente, l'histoire de vie, dans son caractère unique, ou bien encore les symboliques inédites du changement, définissent des échelles contrastées d'une seule et même réalité. L'interaction sociale entre l'ethnologue et les « producteurs » ou « acteurs » d'objets scientifiques, les mutations considérables des contextes de cette même interaction produisent non pas un relativisme culturel définitif (Nous, les Autres), mais une espèce de relativisme sociologique et historique. Comment comparer, par exemple, les Yanomami de N. Chagnon, anthropologue américain, et ceux de J. Lizot, ethnologue français ? Il n'existe pas d'ordre ethnologique absolu des sociétés et des cultures (par exemple primitifs et civilisés, sociétés lignagères, sociétés de classe, etc.) puisque cet ordre du présent est le résultat d'une histoire plurielle qui, à son tour, deviendra le passé pour les ethnologues suivants. L'originalité des objets, comme celle de l'enquête, ne doit pas masquer le caractère transitoire et bien daté de leur rencontre et de leur relation.

3. LES ENQUÊTES

Pour la très grande majorité des ethnologues comme pour l'ensemble des chercheurs en sciences sociales (et pour le grand public également), l'ethnologie, c'est avant tout une expérience personnelle de la société étudiée. L'ethnologie, c'est « faire du terrain », comme on dit familièrement, même si ce terme est aujourd'hui des plus galvaudés. Qui dit terrain évoque à la fois une population et un ethnologue, d'autant que ce dernier recourt parfois à des expressions de propriétaire privé en évoquant « son » terrain, « sa » tribu, etc. Il suffit de nommer les Dogon, les Trobriandais, les Nuer ou encore les Kwakiutl pour que les noms de Marcel Griaule, Bronislaw Malinowski, Edward E. Evans-Pritchard ou Franz Boas viennent spontanément à l'esprit. Parfois, les ethnologues reviennent sur un terrain déjà exploré[3] mais ce cas est relativement rare. L'expérience ultime aujourd'hui est, en quelque sorte, l'ethnologie de soi et Marc Augé en a proposé quelques exemples. Les postmodernes, quant à eux, se contentent du texte et de l'enquête intertextuelle. Bref, au romantisme des explorateurs a succédé le professionnalisme des méthodologues. Mais c'est toujours **la quête de l'altérité et de ses formes identitaires** qui motive l'ethnologue et l'anthropologue. Les terrains se modifient et les regards peuvent se moderniser ou s'actualiser, mais c'est **l'enquête**, qu'elle soit de première main ou livresque, qui construit la différence.

À partir du moment où le métier d'anthropologue se définit non seulement comme la recherche théorique d'un objet particulier, mais aussi comme une pratique d'enquête, la préoccupation de la méthode (de collecte, de comparaison, de mise en évidence des faits) devient primordiale. Il se développe d'ailleurs implicitement comme une confusion entre enquête et méthode. À la différence d'un certain nombre d'autres sciences sociales où le chercheur travaille sur des documents de seconde main constitués par d'autres, et dans des buts étrangers à la recherche (cadastre, statistiques scolaires, actes notariés), en anthropologie, l'essentiel des matériaux est construit, collecté et réuni par le chercheur. Cette obligation de constituer soi-même son fonds documentaire donne toute son importance aux procédures de définition et de détection de l'information. Il faut ajouter que cette démarche provient de la source presque exclusivement *orale* de celle-ci et donc de la nécessité de la susciter par des questions appropriées. D'où le rôle — du moins au début — des questionnaires de conversation qui guident l'entretien. Ce n'est donc pas par préférence subjective que l'anthropologue s'adonne à l'art de la discussion, c'est tout simplement parce que la possibilité de connaissance, d'accumulation de l'information et de vérification commence là.

---

3. Voir les recherches de l'Américain R. Redfield sur son propre terrain et celles de O. Lewis sur celui de ce dernier (Tepoztlán, au Mexique) pendant les années 1950.

Il est vrai que les préjugés théoriques ou idéologiques peuvent jouer encore plus librement : cette importance objective de l'oralité a été renforcée par l'absence de perspective historique au sein de l'analyse anthropologique. Les sociétés « primitives » n'étaient saisissables qu'à travers le « présent verbal ». À l'heure actuelle, l'intérêt accordé au passé est grand et l'anthropologue s'efforce de concilier l'usage des documents oraux et des documents écrits (s'ils existent) : archives ou relations de voyage.

Habituellement, l'enquête se déroule dans un lieu humain (social et psychologique) lointain et inhabituel. Ce fait d'évidence deviendrait une vertu, notamment méthodologique, puisque l'esprit et l'attention sont constamment surpris et en éveil (on peut d'un point de vue critique tout aussi bien imaginer le contraire). D'objectif de la recherche, la différence s'élargit à en devenir l'instrument premier. Cette confusion entre l'objet et le sujet de la recherche débouche donc sur une méthode qui fonctionne au jeu de la différence. Cette différence devrait être maximale pour être pleinement opératoire : c'est pourquoi les populations apparemment les plus différentes du monde occidental ont occupé pendant si longtemps l'attention des chercheurs. Cette thérapeutique par l'exotisme a aujourd'hui admis ses limites mais le discours philosophique en mal d'inspiration a pu y puiser une nouvelle source de réflexion.

Une des différences de fait tout aussi illusoire est celle de la taille de la société. L'existence de communautés de petite taille plus ou moins autonomes au regard d'un premier contact a permis et facilité l'implantation physique du chercheur. Celui-ci va finir par s'installer, par vivre au milieu de « son » objet, de « sa » population. Non seulement il apprendra plus de choses parce qu'il est sur place de façon permanente, mais il pourra insensiblement participer de l'intérieur (de lui-même) à l'expérience sociale qui l'entoure. Ainsi, sa compréhension de la différence deviendra de plus en plus précise puisqu'il pourra à la limite la vivre lui-même. Là encore, les conséquences de l'enquête de terrain sur la conception même de l'anthropologie semblent décisives. Ce passage à l'observation participante achève le cycle des métamorphoses de l'intellectuel occidental qui se transporte dans une autre société. L'observation permanente permet d'identifier l'enquête à la vie quotidienne : en soumettant son enquête aux contraintes même du social, l'anthropologue, par un renversement purement intellectuel, considère que les contraintes sociales sont soumises à la perspicacité de son regard d'enquête. Finalement, cette identification de l'anthropologue à « son » objet, parce qu'il vit avec lui, le conduit à penser celui-ci comme un microcosme expressif.

4. UN HOMME-ORCHESTRE : L'ANTHROPOLOGUE

L'anthropologue est un homme-orchestre, il doit tout faire parce qu'il est seul sur le terrain. Cette solitude est à la fois un état de fait et un choix. Les premières grandes enquêtes de terrain sont de véritables expéditions — donc collectives. Mais la multiplicité des populations à étudier et la tradition universitaire du penseur anthropologue solitaire ont très rapidement conduit à la dispersion des terrains. Cette situation historique sera assumée comme un choix méthodologique : l'effet de distanciation, l'observation participante n'est possible que si l'anthropologue est seul. À deux ou plusieurs, les termes de la comparaison sont déjà flous, l'expérience intime de la société autre est perturbée. L'anthropologue est donc un solitaire, et qui veut le rester. Nous pourrions ajouter que l'anthropologue blanc puise un surcroît de force dans cette solitude en manifestant la supériorité du blanc (sans armes) sur une « masse primitive » dominée. Examinée de près, cette connotation coloniale révèle le côté mystificateur de cette solitude : l'anthropologue utilise souvent tout un personnel subalterne, originaire ou non de la population étudiée. Le personnel, de domesticité ménagère, sexuelle ou scientifique, montre que l'observation participante a pu passer par l'emploi de guides, de porteurs (aujourd'hui de chauffeurs), d'interprètes, d'enquêteurs, de bonnes, de gardiens, de maîtresses, etc. La relation au terrain est ainsi souvent médiatisée par un personnel autochtone rémunéré.

La double spécificité de l'information, oralité et langue la plupart du temps inconnue, a conduit les anthropologues à accorder une plus ou moins grande attention au fait linguistique. Cet intérêt a pu se marquer de diverses manières selon les traditions nationales : ainsi, aux États-Unis, la linguistique comme telle fait partie de la formation de l'anthropologue. En Grande-Bretagne, l'apprentissage de la langue sur le terrain est devenu une obligation pratique.

Quant aux Français, plus intellectualistes, c'est au niveau de la préoccupation thématique (les conceptions du monde) et de l'élaboration théorique (le structuralisme) que s'est manifestée la dette linguistique.

Mais, avant d'aboutir à cette formalisation, l'enquête de terrain est une collecte de « documents oraux », qu'ils aient ou non une existence sociale reconnue. Traditions, rituels, discours politiques, conversations, toutes les formes de culture passent par une manifestation verbale. L'enregistrement et la traduction exacte de ces documents prennent donc beaucoup de place et de temps dans l'enquête de terrain. Bien sûr, les entretiens en tous genres ne sont pas notablement différents de ceux produits dans la société d'origine du chercheur mais leur poids sociologique risque d'être plus grand puisque — avec la gestuelle — c'est le média privilégié de communication. On voit donc toutes les conséquences désastreuses que suggèrent des documents recueillis n'importe comment (sous la contrainte ou le chantage) et traduits de façon approximative. L'importance de l'oralité a d'ailleurs eu comme effet de limiter la critique sociologique des sources et de traiter l'information indépendamment de l'origine sociale de l'informateur. Pour des raisons d'évidence, l'anthropologue a collaboré surtout avec les hommes, les vieux et les notables. Malgré ses avantages, l'enquête de terrain est souvent bien silencieuse quant à la restitution de la parole des femmes, des jeunes et des groupes inférieurs et marginaux.

Dans la mesure où l'enquête de terrain reste le symbole par excellence des succès de l'anthropologie, la tendance à sublimer les sens divers de l'enquête, du terrain, de l'observation participante dans une synthèse idéologique reste très forte. Cela permet évidemment de faire silence sur les raisons historiques (coloniales) qui ont donné naissance à la possibilité de ce type d'enquête. Cela permet également de transformer en prouesses psychologiques (puis littéraires) les problèmes quotidiens du contact et de la stratégie d'enquête. Enfin, une telle attitude minimise les interrogations que les populations pourraient porter sur le droit à l'enquête.

Il existe plusieurs manières de rapporter son terrain et d'exploiter les conditions concrètes, psychologiques et intellectuelles de l'enquête. B. Malinowski a d'ailleurs donné le ton avec sa fameuse introduction aux *Argonautes du Pacifique occidental* dès 1922. Mais des recherches critiques récentes ont pu démontrer le caractère littéraire et fabriqué de ce texte célèbre[4]. Depuis vingt-cinq ans, l'esprit analytique de l'ethnologue s'applique de plus en plus à lui-même. Aux souvenirs partiellement littéraires, comme *Tristes Tropiques* ou *Afrique ambiguë*, succèdent des tentatives d'anthropologie ou de sociologie de la connaissance et des pratiques d'enquête[5]. Ces relectures ont progressivement débouché sur une perspective qualifiée de postmoderne où l'ethnographie n'est plus qu'un genre d'écriture, le fait de « coucher les choses sur papier » (Geertz, 1986). Le texte devient le lieu où s'affirme l'autorité de l'auteur (c'est-à-dire du chercheur) qui transforme, voire supprime la voix de ses informateurs. Mais l'enquête déborde le texte de toutes parts. Au terme d'un examen minutieux des procédures de production des données en anthropologie, J.-P. Olivier de Sardan conclut, quant à lui, à la nécessité d'une politique du terrain (1995b).

5. IDÉES ET THÉORIES

Au cours de son premier siècle d'existence, l'ethnologue a entretenu avec soin le culte de ses ancêtres qui sont à la fois des héros, de par leurs prouesses de terrain, et des inventeurs, de par l'originalité de leurs idées théoriques. L'histoire des sciences et des sciences sociales prend souvent l'allure d'une galerie de portraits où se succèdent ou se superposent des inventions conceptuelles, des expressions notionnelles qui résistent à l'usure du temps et des remises en cause. L'apparente autonomie de l'ethnologie, l'extrême personnalisation des recherches ont permis de développer une symbolisation théorique forte qui finit par assimiler une orientation ou une école théorique à son fondateur ou soi-disant fondateur. L'évolutionnisme, c'est donc L.H. Morgan (et F. Engels par voie de conséquence) ; le culturalisme, ce sont M. Mead ou A. Kroeber ; le fonctionnalisme, ce sont B. Malinowski et A.R. Radcliffe-

---

4. G.W. Stocking Jr, « The Ethnographer's Magic - Fieldwork in British anthropology from Tylor to Malinowski », in G.W. Stocking Jr, *Observers Observed, Essays on ethnographic fieldwork, History of anthropology,* vol. 1, Madison, The University of Wisconsin Press, 1983, pp. 70-120.
5. Respectivement de Cl. Lévi-Strauss (Paris, Plon, 1955) et G. Balandier (Paris, Plon, 1957). Voir par ailleurs les travaux analysés par J. Copans, « Le métier d'anthropologue », in *Critiques et politiques de l'anthropologie*, Paris, Maspéro 1974, pp. 46-73.

Brown ; le structuralisme, c'est Cl. Lévi-Strauss ; le marxisme, ce sont Cl. Meillassoux et M. Godelier ; le symbolisme interprétatif, c'est Cl. Geertz. L'ignorance réciproque des autres traditions scientifiques nationales a, par la suite, suscité comme un consensus international qui tourne à l'image d'Épinal : les Américains seraient culturalistes, les Britanniques fonctionnalistes et les Français structuralo-marxistes.

Mais si l'histoire officielle semble se résumer à un jeu d'idées, la réalité des applications est bien plus complexe, d'autant que l'ethnographie est moins formelle qu'il n'y paraît, une fois lues les monographies de base. Il y a en anthropologie (comme souvent en sociologie d'ailleurs) une tension entre une espèce de théorie du sens commun, celle de l'enregistrement ethnographique, consubstantielle à toutes les théories et à toutes les époques, et la Théorie avec une majuscule, dont la réputation et l'influence n'ont plus aucun rapport avec les expériences originelles et qui se trouve soumise à des renouvellements périodiques fracassants. C'est pourquoi toutes les théories de l'ethnologie et de l'anthropologie, y compris celles qui sont les plus sensibles aux références de la dynamique historique et du changement, s'accommodent fort bien du fameux « présent ethnographique », effet de l'idéologie de la survivance des traditions et d'un traitement non critique des sources.

S'il fallait définir l'ethnologie et l'anthropologie comme projet conceptuel, ce serait la notion de **totalité** qui résumerait le mieux l'état d'esprit de ces disciplines. Au-delà des objets particuliers (la parenté, le rapport à l'environnement naturel, etc.), ce sont bien des **totalités signifiantes** qui focalisent l'attention : **la culture, la société, le rituel, l'institution**. Marcel Mauss, l'un des fondateurs théoriques de l'ethnologie française, a forgé l'expression de « fait social total » pour désigner un phénomène à la fois reflet et expression de la logique interne d'une société et perceptible et analysable par un regard extérieur plus ou moins empathique[6]. Quel que soit le degré de détail et de taille de l'objet anthropologique, le souci d'une totalité explicative reste bien présent. Certes, la comparaison constitue le moteur de la discipline, mais cette

---

6. Voir « Essai sur le don, forme et raison de l'échange dans les sociétés archaïques » in M. Mauss, *Sociologie et anthropologie*, Paris, PUF, 1950, pp. 145-279 ; lire les commentaires de Cl. Lévi-Strauss en introduction (pp. IX-LII). Voir aussi B. Karsenti, *Marcel Mauss, le fait social total*, Paris, PUF, 1994.

comparaison, pour être significative, est toujours rapportée à l'ensemble le plus vaste des déterminations. Les relations entre société et culture, les déterminations d'abord raciales et physiques (au XIXᵉ siècle), puis culturelles, enfin sociales et politiques ou encore relevant du registre de l'inconscient voire de la sphère de la production ne sont jamais oubliées. C'est pourquoi la monographie elle-même reste orientée vers l'inventaire panoramique ou exhaustif : elle doit faire le tour de la question. Les usages différenciés des termes d'ethnologie ou d'anthropologie désignent cette manière de voir. C'est Claude Lévi-Strauss qui est largement responsable en France de ce second mode de référence disciplinaire consacré à la sphère la plus universalisante de la théorie en soi. L'histoire de la construction de l'objet ethnologique à partir d'*une société complète de petite taille* fonde cette illusion théorique. Et la remise en cause récente des grands récits explicatifs provient à la fois de l'éclatement des mondes de l'ethnologie et d'un choix analytique de plus en plus restreint. La remise en cause de la monographie, la critique des concepts fourre-tout (comme culture, mode de production ou symbole), la multiplication des terrains et l'invention d'objets nouveaux y compris au sein de notre propre société distancient de plus en plus l'ethnologie d'une perspective explicative en termes de totalité. Néanmoins, la notion de culture (indépendamment de sa définition pas forcément culturaliste !) imprègne toutes les approches ethnologiques, y compris celles qui semblent assez éloignées de cette façon de voir, comme en France.

L'histoire des idées ethnologiques manifeste une autre particularité, celle d'une histoire conflictuelle et polémique. Toute œuvre d'envergure contient des commentaires sur la partie explicative des paradigmes précédents ou concurrents. Les notions de culture, de structure, de rituel, et à un niveau plus restreint d'alliance, de caste ou de mode de production ont parfois suscité des échanges polémiques qui ont souvent embrouillé les enjeux méthodologiques et explicatifs. Une surinterprétation nationaliste, voire chauvine, peut même dévaloriser la prétendue objectivité scientifique. Mais la relecture des traditions théoriques a ses limites parce que la discipline n'est pas expérimentale : la spéculation conceptuelle devient ainsi gratuite et quasi philosophique. C'est certainement la caractéristique la plus manifeste de la tendance postmoderne de ces dix dernières années.

Clarifier le sens du texte est une opération méthodologique de première importance qui permet de circonscrire les lieux où fonctionne l'explication ethnologique. Ne faut-il pas distinguer entre ce que disent les informateurs (et les raisons et contextes de ces discours), ce que l'ethnologue comprend au sens littéral, ce qu'il en retient et ce qu'il traduit finalement dans son langage scientifique. L'ethnologue est tout à la fois « observateur », traducteur, interprète et producteur d'explications. Mais à force de vouloir préciser le sens des mots, les anthropologues postmodernes en oublient la réalité sociale elle-même qui n'a pas besoin des mots de l'ethnologue pour exister.

La fin des grands récits, d'autant plus théoriques que quelques individus semblaient suffire à scander l'expansion des terrains et l'évolution des idées, n'est pas la fin de la réflexion théorique. En fait, ce sont l'échelle et le genre des concepts qui se transforment. Les grandes notions englobantes et déterministes (tribu ou ethnie, parenté, clan, esclave, communauté) disparaissent pour laisser place à des formes ou à des configurations de relations, de réseaux, de représentations plus fluides et provisoires. L'histoire comme marque des évolutions, des événements et des changements occupe une place centrale dans la préoccupation ethnologique actuelle et dans sa façon d'appréhender théoriquement les autres sociétés et cultures. Le fait de reconnaître (du moins en France) que notre société est **autre** aux yeux des Autres élargit le comparatisme et renouvelle l'approche théorique puisque l'ethnologie rencontre directement la sociologie sur des réalités identiques. L'image du grand écart anthropologique qui relie aujourd'hui le local au global, les lieux du particulier des identités au mondial des interrelations n'est pas seulement une modification du projet et de la méthode ; c'est aussi une mutation profonde des modes d'explication. Mutation à peine entamée, mais où l'anthropologie doit rattraper le temps perdu[7].

---

7. Lire par exemple M. Panoff, *Ethnologie, le deuxième souffle*, Paris, Payot, 1977 et les ouvrages de R. Fox (1991) et M. Augé (1994b).

6. SPÉCIALISATIONS THÉMATIQUES ET TRADITIONS NATIONALES

L'ethnologie se donne à voir de manière très particulière. Comme toute science sociale, elle peut se subdiviser en thématiques, en domaines sous-disciplinaires et en aires culturelles. En fait, l'histoire a produit des spécialisations nouvelles qui souvent se sont tout simplement superposées aux spécialisations déjà existantes. Ainsi, l'ethnologie de la parenté fondée dès le XIXᵉ siècle par L.H. Morgan et d'autres reste-t-elle le noyau symbolique de la différence anthropologique alors que l'anthropologie politique débute vers 1940 et que l'anthropologie économique, selon les traditions, trouve sa reconnaissance officielle à la fin des années 1950, même si le terme est utilisé dès 1927[8]. Cette spécialisation progressive n'est qu'une manière d'orienter la perspective totalisante de la discipline qui reste toujours déterminante. Mais avec le temps, les spécialisations thématiques se reformulent et semblent rétrécir le champ de leur application ou répondre à une mode sociale ou culturelle : l'anthropologie de l'éducation, de l'homosexualité ou du travail féminin sont ainsi quelques nouveautés proposées par l'*Annual Review of Anthropology* (américaine) depuis 1990.

Une forme secondaire de spécialisation résulte d'une **articulation pluridisciplinaire** : l'ethnomusicologie ou l'ethnobotanique semblent aller de soi, tout comme l'anthropologie mathématique ou l'ethnolinguistique. Dans la perspective américaine des quatre disciplines fondatrices de l'anthropologie, ce sont l'**archéologie** (préhistorique et historique), l'**anthropologie physique** (aujourd'hui biologique) et la **linguistique** qui complètent l'**ethnologie** (ou encore l'anthropologie sociale et culturelle).

Mais toutes ces spécialisations, tous ces regroupements se reformulent au sein de larges ensembles qualifiés d'**aires culturelles ou géographiques**. Les Amériques, l'Afrique noire, l'Océanie, le Maghreb, le Moyen-Orient, le sous-continent indien, l'Asie du Sud-Est, le Pacifique ou encore l'Europe définissent de façon parfois très arbitraire des problématisations et des

---

8. D'après M. Herskovits, *Economic Anthropology*, New York, Knopf, 1952. Pour une perspective d'ensemble, voir M. Godelier (1966).

thématisations propres qui peuvent tenir autant à la nature des sociétés qu'on y trouve qu'aux changements dont elles ont été l'objet depuis un demi-siècle. Ces aires culturelles facilitent les comparaisons dans la mesure où elles présentent une certaine homogénéité qui est d'ailleurs plutôt d'ordre historique ou politique que d'ordre culturel proprement dit.

Un dernier champ de déterminismes se manifeste enfin au niveau des **traditions nationales** qui ont d'abord constitué l'ethnologie en autant d'ethnologies particulières. La genèse, la chronologie, le programme réel de l'ethnologie dépendent de facteurs politiques et intellectuels, institutionnels et scientifiques qui varient de façon significative entre les nations européennes et les États-Unis d'Amérique[9]. Par la suite, au cours de la seconde moitié du XXᵉ siècle, de nombreux pays de la périphérie sous-développée sont devenus à leur tour de nouveaux partenaires de la recherche ethnologique et non plus seulement des terrains pour les ethnologues étrangers. Le Brésil, l'Inde, le Mexique ont pu susciter des recherches autochtones originales, même si les anthropologies françaises, américaines ou britanniques ont largement contribué à leur maturation. La spécificité des traditions en sciences sociales, l'existence d'empires coloniaux (aux terrains tout trouvés pour les ethnologues des années 1880-1960), le rôle de quelques penseurs vedettes (que serait l'ethnologie française depuis cinquante ans sans l'influence d'un Claude Lévi-Strauss ?) rendent extrêmement complexe l'élaboration d'une anthropologie mondiale et universelle. Cette diversité multiplie les objets et les points de vue sans que la confrontation se transforme en concurrence. Car, dès les origines (qu'on pense à la remarquable connaissance qu'avait Marcel Mauss des autres ethnologies, comme le prouvent ses centaines de comptes rendus d'ouvrages du monde entier), l'érudition ethnologique est par principe mondiale ou internationale. On peut ainsi penser qu'après 1945, à leur façon et de manière sélective, Cl. Lévi-Strauss d'une part et G. Balandier de l'autre instillent les patrimoines des anthropologies culturelles américaines et sociales britanniques dans l'ethnologie française. Cette influence exprime à la fois un tri et un décalage dont la réciproque peut se mesurer par les succès

---

9. Voir le cas très original de l'anthropologie québécoise, doublement influencée par les traditions américaine et française.

anglo-saxons du marxisme anthropologique français au cours des années 1970 (bien qu'il fût traduit de manière très incomplète en langue anglaise).

L'image finale de la discipline ressemble beaucoup a un kaléidoscope où chaque mouvement produit une image inédite. La tradition nationale est certainement le filtre le plus contraignant : que savons-nous en France des ethnologies russe[10], japonaise ou même américaine[11] ? Cette ignorance relative est partagée : elle transforme l'ethnologie en un terrain de recherche au second degré, puisqu'il faut essayer de saisir les raisons de la différence des autres ethnologies pour bien comprendre l'identité spécifique de la sienne. Cette distanciation scientifique explique que les retournements de la conjoncture contemporaine, au niveau des terrains et des méthodes, pourront peut-être un jour produire des ethnologies radicalement nouvelles au plan théorique.

10. Voir Wladimir Berelowitch, « Regards sur l'anthropologie soviétique », *Cahiers du monde russe et soviétique*, vol. XXXI, n° 2-5, 1990.
11. Frantz Boas, le fondateur de l'anthropologie professionnelle américaine, et par conséquent maître d'une Margaret Mead si connue chez nous, n'a aucun texte traduit en français !

2

LA QUESTION DES ORIGINES ET LA CONSTRUCTION DU CHAMP ETHNOLOGIQUE

L'ethnologie et l'anthropologie sont des disciplines scientifiques nées de l'expérience politique et intellectuelle du monde occidental. L'Autre est un lieu commun de tous les discours ; la curiosité à l'égard des cultures différentes et des manières étranges de se comporter est immémoriale et mondiale. Mais l'ethnologie de terrain du XXᵉ siècle, malgré ses nombreuses variétés « nationales », théoriques et méthodologiques, reste inscrite dans un mouvement historique spécifique, celui de la modernité occidentale qui s'étend sur quatre siècles, de la Renaissance à l'invention des sciences sociales professionnelles. Mon critère n'est pas celui de l'existence d'un discours ou même d'un mode de description et de classement de l'altérité. Toute civilisation, toute culture, à commencer par exemple par la Grèce d'Hérodote (pour qui les Autres sont des barbares), produit de tels mécanismes d'identification et de différenciation.

Par ailleurs, le caractère scientifique de l'ethnologie peut être discuté : l'évolutionnisme naïf du XIXᵉ siècle, l'absence de souci méthodologique des fondateurs[1], le caractère finalement hétéroclite de la tradition disciplinaire, confirment le rôle écrasant des facteurs idéologiques et non scientifiques dans sa maturation et son évolution. Mais à partir du moment où se forme un consensus minimal sur l'autoproduction des données, où la standardisation comparatiste construit des modèles d'intelligibilité de faits apparemment aberrants (au regard des habitudes sociales et mentales de l'Occident) et où la mécanique d'objectivation de l'Autre est reproductible et institutionnalisée

---

1. M. Mauss n'a jamais fait de terrain bien qu'on ait publié de lui plus tard un *Manuel d'Ethnographie*, Paris, Payot, 1947. Quant à Margaret Mead par exemple, ses premières recherches aux Samoa ont fait l'objet d'une critique de la part de Derek Freeman, *Margaret Mead and Samoa, The Making and Unmaking of an Anthropological Myth*, Harmondsworth, Pelican, 1984.

(par l'enseignement et la recherche scientifique professionnelle), le regard ethnologique est de moins en moins redevable au hasard des voyages et à la subjectivité plus ou moins critique d'un observateur de passage. Mais surtout, il est impossible de séparer la formation de l'ethnologie du destin des populations qui lui ont permis de se constituer. Même métaphoriquement, l'ethnologie a quelque chose à voir avec la domination de la culture occidentale, depuis la traite des esclaves jusqu'aux conquêtes coloniales, depuis l'imposition de cultures écrites à l'ethnocide pur et simple. L'ensemble de ces facteurs a toutefois produit dès le début une réflexion philosophique puis historico-sociale qui s'interroge sur la domination, l'altérité, critique la dynamique soi-disant civilisatrice et propose des modes de représentation distincts des préjugés courants.

Cet effort de prise de conscience de la place et de la structure relative des sociétés et des cultures connues est permanent. L'erreur serait de lui attribuer rétrospectivement une origine unique : malgré son prestige immense, notre siècle des Lumières, avec ses philosophes contestataires, n'est que l'une des sources possibles de cette tradition. L'anthropologie refait constamment son examen de conscience depuis J.-J. Rousseau. Le mythe des origines de l'humanité pèse sur l'anthropologie et le mythe des origines de l'anthropologie redouble ce mythe au point d'en faire une forme de mystification. C'est pourquoi chaque génération de chercheurs reconstruit sa filiation, redéfinit son objet, polémique théoriquement et se demande si l'anthropologie a toujours bien un sens.

Pour se reconnaître dans le patrimoine de ces deux disciplines, un détour historique, et même géographique, s'impose. Un détour qui permet d'évaluer la place des différents facteurs dans la fabrication de l'anthropologie et de ne pas prendre l'image publicitaire d'hier (celles des ouvrages de vulgarisation, des émissions télévisuelles, des cours de première année !) pour le programme, en cours d'expérimentation, de demain. L'ethnologie doit produire sa propre histoire (et c'est d'ailleurs le cas depuis une quinzaine d'années[2]) parce que seul le chercheur est capable de démêler de l'intérieur ce

---

2. Voir les publications de G. Stocking aux États-Unis et celles de J. Jamin en France. Se reporter aussi à la revue *Gradhiva*.

qui relève des traditions disciplinaires, ce qui relève de la situation sociale et culturelle des terrains et ce qui relève de l'interprétation individuelle et collective de la profession. Paradoxalement, l'ethnologie donne l'impression d'une discipline conservatrice et traditionaliste alors que l'extrême diversité de ses perspectives et la rapidité de ses mutations rendent très malaisée la définition d'une tradition et d'un projet admis unanimement.

1. LES ÉTAPES DU REGARD OCCIDENTAL

1.1 Théologie et philosophie

L'établissement d'une chronologie de la naissance et de l'évolution de la discipline n'a pas grande signification puisque le phénomène est pluriel et renvoie à une série d'histoires particulières et d'objets distincts. En France, l'expédition Baudin, organisée par la Société des observateurs de l'Homme, se rend aux « Terres australes » (1800-1804) mais les réflexions de cette société n'ont quasiment aucune postérité au cours du XIXᵉ siècle, alors que les Instructions « ethnographiques » de 1803 du président américain Thomas Jefferson[3] inaugurent l'engouement américain pour les Indiens qui ne se démentira pas pendant plus d'un siècle. Il faut donc examiner les phénomènes dans une perspective comparative et de longue durée.

Certes, la plupart des traditions semblent remonter peu ou prou au siècle des Lumières, au XVIIIᵉ siècle donc, où les philosophes français, lecteurs critiques des voyageurs et de l'ethnocentrisme culturel (Montesquieu, Voltaire, Diderot, Rousseau), jouent un rôle fondateur. Plusieurs interprétations sont possibles. L'une consiste à remonter encore plus loin dans le temps et à identifier les prémisses de la rupture idéologique avec la remise en cause de l'unicité du royaume de Dieu et la valorisation du relativisme culturel.

Mais encore une fois, une telle perspective nous éloignerait de notre hypothèse de départ, à savoir que l'ethnologue, producteur de ses propres données, n'apparaît qu'à la fin du XIXᵉ siècle, même si certaines des idées qu'il utilise

---

3. Du 20 juin 1803. Publiées dans M. Lewis, W. Clark, *Le Grand Retour*, Paris, Phebus, 1993, pp. 415-422.

présentent déjà une certaine ancienneté (éventuellement un demi-siècle). Il est permis de qualifier cette période de maturation, de « préhistoire » tout en reconnaissant l'arbitraire d'une telle distinction.

L'universalité humaniste du regard occidental est tout à fait sujette à caution : le Bon Sauvage, parce que mythique, n'arrive pas à cacher le Barbare ou l'Indigène indocile. La modernité est une dynamique contradictoire et l'évolutionnisme latent des philosophies sociales des XVIIIe et XIXe siècles lie toujours reconnaissance de l'Autre et besoin de le civiliser, y compris par la force. Le peuple uni sous le regard de Dieu du Moyen Âge fait place à l'ambiguïté dualiste des grandes découvertes (le non-chrétien est-il bien un homme ?) ; la dialectique du philosophe et de son sauvage débouche sur une hiérarchisation *naturelle* des civilisations. Ainsi se fraie le chemin d'un progressif relativisme culturel et social qui constituera l'objet même de l'ethnologie du XXe siècle. L'Autre existe intellectuellement sans nous, même si une telle spéculation rencontre les dures lois de l'économie politique mondiale (comme la traite des esclaves ou plus tard le travail forcé). La finalité des récits de voyage n'est pas ethnologique jusqu'à ce que les grandes expéditions naturalistes du XVIIIe siècle prouvent que la curiosité scientifique peut être organisée et dirigée volontairement. En fait, le premier modèle ethnologique provient moins du voyageur « intelligent » que du savant de cabinet qui compile, synthétise et critique les sources. L'ethnologue sera d'abord un érudit et non pas un explorateur. Cela dit, la filiation des origines permet de repérer quelques personnages clés qui ont eu le courage intellectuel de remettre en cause leurs préjugés en s'efforçant de dévoiler la rationalité probable des autres genres de vie.

Car les modes de classification, le vocabulaire, les éléments possibles de comparaison ne facilitent pas la compréhension de l'Autre. L'imaginaire fantastique du Moyen Âge est encore présent aux XVe et XVIe siècles. D'après A. Pagden (1982), qui retrace « La chute de l'homme naturel », le premier modèle utilisé pour l'analyse du comportement des Indiens d'Amérique était la théorie psychologique de l'esclavage naturel d'Aristote.

Ce sont les problèmes de la conquête du Nouveau Monde, des droits politiques et moraux de ses occupants, les populations indiennes, de la possibilité ou non d'une conscience chrétienne (s'agit-il bien d'une humanité humaine ?)

qui suscitent publications et controverses[4]. Évidemment, c'est en Espagne que se développent ces considérations théologiques, d'abord à travers l'École de Salamanque (dominicaine) puis, à partir de la fin du XVIᵉ siècle, avec les jésuites. Deux personnages jouent un rôle décisif dans l'établissement de cette espèce de programme d'ethnologie comparative : **le dominicain Bartolomé de Las Casas** (1474-1566) et le **jésuite José de Acosta** (1539-1600)[5].

B. Bucher considère que la coupure entre théologie et connaissance de l'homme remonte bien à cette époque, en particulier à Montaigne, et qu'il est tout à fait exagéré de l'attribuer uniquement aux philosophes du XVIIIᵉ siècle[6]. Ce qui est certain, c'est que le ton est donné dès le XVIᵉ siècle et qu'un débat obsédant et récurrent parcourt les siècles qui suivent : quelle est la part de vérité et d'objectivité chez les voyageurs qui ne sont pas toujours les témoins oculaires de ce qu'ils rapportent ? Une sociologie, plus ou moins critique de la connaissance, s'efforce de dissocier les préjugés des informateurs de ceux des observateurs. Le statut social de l'auteur, son degré de culture, sa plus ou moins grande propension à la naïveté ou au préjugé sont progressivement objet de débat. Comme le note G. Chinard : « Le premier stade (fut) celui des singularités… Les faits recueillis avaient pour caractère essentiel d'être particuliers et "singuliers", c'est-à-dire uniques en leur genre. Aussi comprend-on fort bien que ces faits n'aient pas semblé dignes à des philosophes de servir de documents[7]… » D'où les suggestions de J.-J. Rousseau en 1755 ou encore de Knuds Leems en 1762 de transformer des philosophes en voyageurs pour recueillir des descriptions sensées et réfléchies.

---

4. Voir le téléfilm *La Controverse de Valladolid* de J.-D. Verhaeghe, FR3 - La Sept, 1991.
5. Lire B. de Las Casas, *Très brève relation de la destruction des Indes* (1582), Paris, La Découverte, 1984 et J. de Acosta, *Histoire naturelle et morale des Indes occidentales* (1589), Paris, Payot, 1979.
6. « Discours anthropologique et discours théologique au 16ᵉ siècle : "L'apologie de Raymond de Sebonde" de Montaigne », in B. Rupp-Eisenreich (textes réunis et présentés par), *Histoires de l'anthropologie : XVI-XIXᵉ siècles*, Paris, Klincksieck, 1984, pp. 43-54.
7. *L'Amérique et le rêve exotique dans la littérature française au 17ᵉ et au 18ᵉ siècle*, Paris, Hachette, 1913, p. 101.

1.2 Une problématique théorique et empirique

C'est probablement le texte de Jean-Marie de Gérando, « Considérations sur les diverses méthodes à suivre dans l'observation des peuples sauvages » de 1799, qui conclut le mieux cette première période de préconstruction du discours et de la méthode ethnologique[8]. Car ces considérations sont en même temps destinées à des voyageurs bien réels (même si « l'anthropologiste » de l'expédition, F. Peron, annonce plus l'anthropologie physique à venir que l'approche sociale et culturelle suggérée par de Gérando) : elles ouvrent une seconde période, celle d'une division organisée et volontaire du travail entre celui qui pense l'enquête (et en tire les leçons) et celui qui fait le travail de terrain. Certes l'enquêteur de terrain ne l'est qu'à temps partiel : il reste avant tout marin, militaire, missionnaire, commerçant ou voyageur. Mais associations scientifiques pour les financements, guides d'enquêtes pour le recueil ordonné des faits et des objets matériels, fournissent de plus en plus un cadre institutionnel et intellectuel qui facilite la standardisation et la comparaison. Le guide le plus fameux, et toujours disponible en librairie, reste le *Notes and Queries on anthropology, for the use of travellers and residents in uncivilized lands* de 1874. L'évidence de cette division du travail n'est-elle pas encore présente dans les propos tenus par Marcel Mauss en 1913, selon lesquels le personnel colonial était le plus apte à observer les indigènes ?

Associations professionnelles/Institutions (France)

1799 La Société des observateurs de l'Homme
1838 La Société ethnologique de Paris (sur la raciologie)
1855 Chaire d'anthropologie au Muséum d'histoire naturelle
1859 La Société d'anthropologie de Paris
1875 École d'anthropologie de Paris
1878 Musée d'ethnographie du Trocadero
1925 Institut d'ethnologie de Paris
1926 Premier certificat d'ethnologie délivré par la Sorbonne

---

8. L'ensemble des textes de la Société des observateurs de l'Homme marque la transition de l'humanisme des Lumières au positivisme de l'objectivation — et de la colonisation (Copans et Jamin, 1994).

1928 Société du folklore français
1937 Musée de l'Homme
1943 M. Griaule : 1re chaire d'ethnologie générale à la Sorbonne
1947 Société d'ethnographie française
1959 Laboratoire d'anthropologie sociale
1972 Société d'ethnologie française
1979 Association française des anthropologues
1980 Création de la Mission du Patrimoine ethnologique au ministère de la Culture (Direction du Patrimoine)

Principaux guides d'enquête (France)

J.-M. de Gérando	*Considérations sur les diverses méthodes à suivre dans l'observation des peuples sauvages*	1799
Société ethnologique de Paris	*Instructions générales adressées aux voyageurs*	1841
Société anthropologique de Paris	*Questionnaire de sociologie et d'ethnographie*	1883
M. Mauss	*Manuel d'ethnographie*	1947
M. Griaule	*Méthode de l'ethnographie*	1957
M. Maget	*Guide d'étude direct des comportements culturels*	1962

La première période, d'exploration et de prise de contact, voit l'essentiel du travail de réflexion, d'abord théologique puis philosophique, se faire après le voyage, à la lecture des récits et comptes rendus. La seconde, qui naît au tournant du XIXe siècle, voit un retournement de la réflexion qui, dorénavant, programme le voyage et guide l'enquête. Mais les changements les plus importants viennent du nouvel état d'esprit qui préside à la curiosité ethnologique et anthropologique. Tout d'abord l'inflexion naturaliste va prendre le dessus et intégrer l'espèce humaine elle-même à ses tentatives de classement et d'élaboration. L'anthropologie physique, très raciologique, répond, en un sens, aux idéologies philanthropiques, civilisatrices et coloniales.

L'ethnographie, toujours de seconde main, devient le matériau des grandes réflexions synthétiques, d'abord philosophiques (Kant, Hegel), puis plus historiques (Marx), ou même sociologiques à la fin du XIXe (Spencer, Weber), ou au début du XXe siècle (Durkheim, Mauss). Ce grand mouvement de la modernité se lit comme un évolutionnisme qui valorise la société des origines. N'oublions pas que la paléontologie et l'archéologie préhistorique naissent également à cette époque et que c'est l'ensemble du destin de l'humanité qui se trouve soumis à la fois à la perspicacité de praticiens de terrain et à l'imagination d'historiens-anthropologues boulimiques. La recherche des origines physiques puis matérielles de l'humanité va conduire les observateurs du temps présent à qualifier de primitifs les spécimens vivant dans l'archaïsme technologique ou culturel apparemment originel. L'ethnologie reste largement livresque mais son originalité comparatiste lui permet de jeter les bases d'approches théoriques propres. Même si la critique des sources laisse toujours à désirer, et que la propension à produire des perspectives macro-anthropologiques définit un genre plutôt spéculatif, il n'en reste pas moins vrai que l'obsession taxinomique et classificatrice met de l'ordre dans les faits connus et suggère des vérifications empiriques nécessaires.

D'après l'anthropologue Adam Kuper, la notion de **société primitive**, qui apparaît au cours des années 1860-1870, constitue pendant un siècle l'objet par excellence (même s'il est illusoire) de l'anthropologie. La société primitive peut évidemment prendre les formes particulières de la mentalité primitive, de la religion primitive, de la monnaie primitive, etc.[9] Et, de fait, l'évolutionnisme de la discipline tient plus à Lamarck et à H. Spencer (fondateur dès les années 1850, et avant la publication de *L'Origine des espèces*, d'une sociologie évolutionniste) qu'à Darwin. Une conception linéaire de l'évolution, la notion de progrès, l'existence d'étapes dans son développement, une conception plutôt internaliste des causes du changement constituent l'essentiel des idées de ce courant théorique et philosophique. Au début, ces préoccupations relevaient principalement des études juridiques, dans la mesure où elles portaient sur le mariage, la famille, la propriété privée, l'État. C'est d'ailleurs l'ouvrage du Britannique Henry Maine, *Ancient Law* (1861),

---

9. Pensons aux œuvres de H. Levy-Bruhl, E. Tylor, R. Thurnwald.

qui sert de point de départ à ces réflexions. Par la suite, des auteurs comme le suisse J. Bachofen (*Das Mutterrecht*, 1861), le Français Fustel de Coulanges (*La Cité antique*, 1864), l'Écossais J.F. Mc Lennan (*Le Mariage primitif*, 1865) et surtout l'Américain L.H. Morgan (voir plus loin) se consacrent à la reconstruction hypothétique et évolutionniste de la société primitive, antithèse de la société moderne.

Un consensus se développe autour des idées qui mettent en avant le **rôle fondateur des relations de parenté**, lesquelles renvoient à des groupes de descendance, exogames et liés par des alliances matrimoniales. Ces institutions survivent dans le vocabulaire. Elles privilégient la magie. Avec l'invention de l'État territorial et de la propriété privée, la société primitive cède la place à la société moderne : le contrat remplace le statut et le rapport au sol celui de sang.

Cet « objet » social originel a polarisé l'anthropologie pendant plus d'un siècle même si la multiplication des terrains ethnologiques a pu confirmer assez rapidement (et ce dès le début du XXᵉ siècle) la diversité des voies d'évolution et surtout l'impossibilité de remonter à un modèle unique et premier de société. L'anthropologue le plus important et le plus symbolique de toute cette époque est sans conteste l'Américain Lewis H. Morgan. D'abord il représente à sa manière la pré-ethnographie de terrain américaine qui possède déjà une certaine tradition au milieu du XIXᵉ siècle. L'expédition de W. Clark et M. Lewis qui rejoint la côte du Pacifique doit recueillir une information ethnographique. Le peintre G. Catlin, qui participe au voyage, expose en 1837 de nombreux objets et six cents peintures qui reflètent la vie quotidienne des Indiens[10]. En 1842 est créée l'American Ethnological Society et en 1846 la Smithsonian Institution pour laquelle H.R. Schoolcraft rédige un « Plan for the Investigation of American Ethnology ». En 1851, L.H. Morgan publie une monographie ethnographique sur la Ligue des Iroquois que certains considèrent comme la première monographie de terrain. Il a conduit sa recherche dans la réserve indienne voisine de la ville de Rochester, dans l'État de New York, où il est installé comme avocat. Il s'oriente ensuite dans un vaste travail de comparaison philologique et ethnographique sur 139 systèmes de parenté du monde entier en inventoriant 260 types de relations.

---

10. Ces dernières sont conservées aux États-Unis, notamment dans les musées de Washington, et au Cabinet des estampes de la Bibliothèque nationale de Paris.

Ce travail achevé en 1865 ne sera publié qu'en 1871 sous le titre de « Systèmes de consanguinité et d'affinité de la famille humaine ». Mais son œuvre la plus connue est *Ancient Society*[11] qui décrit les progrès de l'humanité sur les plans des techniques, du mode de gouvernement, de la famille et de la propriété. Le passage de la sauvagerie à la barbarie puis à la civilisation est fondé sur l'examen des relations entre les différents éléments de la vie sociale, économique et politique. Malgré une explication déiste du progrès social et politique, L.H. Morgan, relu par F. Engels, devient involontairement un matérialiste sinon un pré-marxiste (1891). L.H. Morgan définit l'ethnologie comme l'étude de sociétés fondées sur la parenté, mais si sa grille de lecture a eu une telle influence, c'est qu'elle paraissait indépendante de sa théorie générale de l'évolution humaine. Cette dernière sera critiquée dès le début du xxᵉ siècle, autant aux États-Unis par F. Boas, adepte du particularisme culturel, qu'en Grande-Bretagne par B. Malinowski, inventeur du fonctionnalisme ahistorique. L'œuvre de Morgan reste, encore aujourd'hui, la synthèse la plus frappante des qualités et des défauts de l'esprit anthropologique spéculatif du xixᵉ siècle.

La création du modèle moderne de la pratique ethnologique passe nécessairement par la reconnaissance du rôle méthodologique de l'enquête de terrain menée par l'ethnologue lui-même. La préoccupation empirique prend alors le dessus puisque la collecte des faits et l'établissement rigoureux de leur nature et de leur comparabilité définit l'état d'esprit et même le projet de la réflexion anthropologique. Son objet devient, par conséquent, une culture précise, même si cette dernière est le résultat d'une histoire mal connue ou impossible à connaître. Pour des raisons évidentes du point de vue institutionnel ou même idéologique, la valorisation de ce modèle ne pourra se faire qu'en opposition au modèle évolutionniste ou diffusionniste[12] dominant, à la

---

11. Cet ouvrage publié en 1877 est traduit en français sous le titre *La Société archaïque*, Paris, Anthropos, 1971.
12. Le diffusionnisme est un ensemble de travaux qui cherchent à reconstruire l'histoire des populations primitives grâce à l'étude de leur distribution et diffusion dans l'espace. Cette orientation d'origine germanique et autrichienne est marquée par les noms de F. Ratzel (1882), L. Frobenius (qui vulgarise la notion de cercle culturel), F. Gräbner (années 1910). Elle a eu une influence sur l'anthropologie culturelle américaine à ses débuts.

recherche de seconde main. Les nouvelles manières de faire s'imposeront de façon parfois polémique ou hypercritique.

2. LE(S) MODÈLE(S) CLASSIQUE(S)

Né à Cracovie en Pologne, **B. Malinowski (1884-1942)** reste encore aujourd'hui l'anthropologue par excellence. Après des études de physique et de mathématiques, la lecture du *Rameau d'or* de James Frazer lui donne le goût de l'ethnologie. Il se rend à Londres en 1910 où il suit les cours de E. Westermarck et C.G. Seligman. Plusieurs séjours en Nouvelle-Guinée, et notamment aux îles Trobriand entre 1914 et 1918, vont lui fournir les matériaux de base de ses analyses et l'expérience de terrain qu'il théorise sous l'expression d'observation participante. Certes, l'enquête de terrain par l'ethnologue lui-même commence à se répandre (voir l'expédition de 1899 de A. Haddon, C.G. Seligman et W. Rivers au détroit de Torrès et en Mélanésie ou encore les séjours de F. Boas chez les Inuit en 1883-1884 et plus tard sur la côte nord-ouest des États-Unis et du Canada).

Mais Malinowski la systématise au plan méthodologique dans *Les Argonautes du Pacifique occidental* (1922) avec des arguments aussi bien littéraires (il recrée de façon imaginaire son terrain) que scientifiques (voir encadré p. 41). À partir des années 1930, l'**observation participante** devient le signe distinctif de l'ethnologie dans l'ensemble des pays occidentaux, et les élèves de Malinowski feront beaucoup pour son succès. Mais son innovation se marque aussi aux plans théorique et thématique : il insiste sur le rôle de la famille pour les besoins, sur l'éducation et les qualités psychologiques. Il relit Freud et discute de la sexualité dans les sociétés primitives[13]. Ses œuvres majeures portent sur les activités économiques : le thème central des *Argonautes* est celui du cercle du *Kula* qui est un système d'échange de biens symboliques entre certaines îles mélanésiennes. Il s'agit d'ornements nobles fabriqués à partir de coquillages différents : les colliers (*sulava*) circulent dans

---

13. Voir *Sexualité et répression dans les sociétés primitives* (1927), Paris, Payot, 1932 et *La Vie sexuelle des sauvages du nord-ouest de la Mélanésie* (1929), Paris, Payot, 1930.

le sens des aiguilles d'une montre alors que les bracelets (*mwali*) circulent en sens inverse, l'ensemble fondant des liens de réciprocité.

L'analyse fonctionnaliste en termes de besoins et surtout de normes empêche Malinowski de donner toute sa place au changement. En fait, si les institutions se remplacent les unes les autres, c'est parce que les fonctions seraient identiques dans toute société. Par la suite, on généralisera de façon un peu abusive le qualificatif de fonctionnaliste à toute l'anthropologie sociale britannique des années 1930-1960. Elle n'en reste pas moins influencée par la sociologie durkheimienne (A.R. Radcliffe-Brown, 1881-1955) et plus générale-ment par la recherche des lois et des règles de l'ordre social dans les systèmes familiaux (M. Fortes, 1906-1983 ; E. Leach, 1910-1989) ou poli-tiques (E.E. Evans-Pritchard, 1902-1973 ; M. Gluckman, 1911-1975 ; R. Firth, 1901-1989). Une inspiration plus dynamiste se fait jour au cours des années 1950 et suscite des perspectives plus particulières en termes de réseaux (P. Clyde-Mitchell) ou de négociations symboliques (V. Turner, M. Douglas). L'ethnographie devient plus thématique et orientée conceptuelle-ment même si par ailleurs Malinowski reste une référence mythique.

L'invention du terrain vu par Bronislaw Malinowski

Conditions propres au travail ethnographique. Elles consistent surtout, nous venons de le dire, à se couper de la société des Blancs et à rester le plus possible en contact étroit avec les indigènes, ce qui ne peut se faire que si l'on parvient à camper dans leurs villages. Il est très agréable, pour les provisions, de disposer d'un pied-à-terre chez un résident blanc et de savoir qu'on y trouvera refuge en cas de maladie ou de lassitude de la vie indigène. Mais il doit se trouver suffisamment éloigné pour ne pas devenir un milieu où l'on vit en permanence et dont on ne sort qu'à des heures bien déterminées pour « faire le village ». Il ne sera même pas assez proche pour qu'on puisse y aller à tout instant pour se détendre. Car l'indigène n'est pas un compagnon normal pour le Blanc, et après avoir travaillé avec lui plusieurs heures durant, regardé comment il cultive ses jardins, écouté le récit de quelque fait folklorique, discuté de ses coutumes, vous avez une grande envie, bien naturelle, de retrouver un de vos semblables. Mais puisque vous ne pouvez satisfaire ce désir du fait de votre isolement, vous partez pour une promenade d'une heure ou deux, et au retour, vous recherchez tout normalement la société des indigènes, comme vous rechercheriez n'importe quelle présence amie, pour pallier la solitude. Et par ces relations naturelles qui se trouvent ainsi créées, vous apprenez à connaître votre entourage, à vous familiariser avec ses mœurs et ses croyances, cent fois mieux que si vous vous en rapportiez à un informateur rétribué et dont les comptes rendus manquent souvent d'intérêt. Là réside toute la différence entre des apparitions de temps à autre au milieu des indigènes et un contact réel avec eux. Qu'entendre par ce dernier terme ? Pour l'ethnographe, cela signifie que sa vie au village, qui est d'abord une aventure étrange, quelquefois désagréable, quelquefois terriblement passionnante, suit bientôt son cours normal en parfait accord avec le voisinage.

Les Argonautes du Pacifique occidental,
© Gallimard, 1963, page 63.

Si les Britanniques mettent en avant le social et l'institutionnel, les Américains, à la suite de **F. Boas (1858-1942)** et de ses élèves (M. Mead, 1901-1978 ; R. Benedict, 1887-1948 ; A. Kroeber, 1876-1960 ; R. Lowie, 1883-1957), insistent sur la totalité culturelle. Au moins deux variantes se dégagent. Tout d'abord dans les années 1930, sous l'influence de la psychologie et de la psychanalyse, naît l'École « Culture et personnalité » dont la réputation se répand bien au-delà du cercle de l'ethnologie et de l'anthropologie ; ensuite s'opère une espèce de synthèse avec les orientations évolutionnistes qui propose une succession de types culturels liés d'une part à l'environnement (L. White, 1900-1975 ; J. Steward, 1902-1972) et de l'autre aux systèmes politiques de pouvoir (M. Fried).

Fortement enracinée dans l'étude des populations amérindiennes (donc de petite taille et regroupées dans les réserves), l'anthropologie culturelle met d'abord l'accent sur la transmission et la reproduction de la culture au cours de l'enfance, de l'adolescence et de tous les âges de la vie. La notion de culture, à la fois matérielle et immatérielle, pratique et symbolique, concerne toutes les formes possibles et non seulement les plus primitives ou les plus exotiques.

L'analyse de la diversité du peuplement des États-Unis conduit à l'étude de la culture des communautés d'origine européenne ou même africaine (les noirs descendants des esclaves de la traite) (M. Herskovits, 1895-1963).

Ces contacts et mélanges culturels permettent d'étudier l'acculturation comme un phénomène propre. La conformité ou non des comportements culturels par rapport aux normes et aux systèmes de représentation devient le moyen de saisir les conflits ou les inadaptations. Ainsi fait-on de la recherche appliquée pendant la Seconde Guerre mondiale : l'étude des Japonais regroupés dans des camps en Californie pour comprendre la mentalité « perfide » des attaquants de Pearl Harbour, ou celle des stéréotypes des relations entre sexes en Grande-Bretagne pour mieux expliquer aux G.I. en attente de débarquement comment flirter en tout bien tout honneur. Malgré de nombreux débats entre Américains et Britanniques, notamment dans les années 1950, sur la portée réciproque des notions de culture ou d'organisation sociale, l'anthropologie culturelle, comme branche d'une anthropologie encore plus générale, véhicule une conception totalisante de la vie sociale où se confrontent valeurs transhistoriques et valeurs individuelles, modèles abstraits et modèles concrets. La diversité dialectique des cultures explique la richesse thématique, théorique et critique de l'anthropologie américaine qui reste jusqu'à ce jour le milieu professionnel mondial le plus imaginatif. O. Lewis (1914-1970), après avoir revisité 20 ans après le terrain mexicain de son maître R. Redfield en 1950, Tepoztlán, va s'intéresser à la culture de pauvreté reconstruite à travers des biographies familiales croisées où se répondent et se complètent chacun des points de vue des membres du groupe. Ses études furent de grands succès de librairie (1963, 1969).

L'exemple français, malgré l'importance de ses vertus théoriques à partir des années 1950, reste empreint d'une originalité pour le moins ambivalente. Même si le fondateur des sciences de l'homme (J.-J. Rousseau) est français et que l'ethnologie est partie prenante de la création de la sociologie universitaire par l'intermédiaire de É. Durkheim, il n'en reste pas moins que la véritable expérience de terrain ne se concrétise qu'au cours des années 1930 avec les expéditions de l'africaniste M. Griaule[14]. Ce n'est qu'au cours des années 1940

---

14. Voir le récit qu'en donne Michel Leiris dans *Afrique fantôme*, Paris, Gallimard, 1934.

que les leçons américaines et britanniques influencent et forment de jeunes ethnologues comme Cl. Lévi-Strauss et G. Balandier. Au cours de ces mêmes années, l'enquête de terrain devient incontournable, confortée par la richesse théorique du programme disciplinaire. Le dynamisme, le structuralisme, le marxisme mobilisent en moins de quinze ans toute une génération qui va ouvrir tous les fronts géographiques et thématiques de la curiosité ethnographique. Une première étape est franchie symboliquement en 1979, avec la création de l'Association française des anthropologues et la tenue de plusieurs colloques regroupant enfin l'ensemble des chercheurs.

En fait, le modèle français paraît quelque peu pervers puisqu'il naît tardivement et semble s'imposer au reste de la profession ethnologique et anthropologique par la seule originalité de ses élaborations théoriques : la sociologie de la situation coloniale et du changement social, l'analyse structurale des mythes, l'anthropologie économique marxiste. L'enquête va de soi bien que ses connotations culturelles et linguistiques soient mal perçues. Mais une fois défini le champ classique de la discipline, voilà que l'anthropologie semble revenir sur ses acquis dès les années 1980. Elle brade l'hyperthéoricisme, met en valeur la recherche d'un patrimoine français et valorise l'anthropologie historique au détriment de celle de la modernité.

3. DILEMMES FONDATEURS ET CONTRADICTIONS HISTORIQUES

Un double registre traverse l'ethnologie : le premier renvoie aux préoccupations originelles et à leur « modernisation » ou actualisation périodique, le second tient compte avant tout des questions nouvelles posées à la fois par l'évolution critique de la discipline et par les transformations, mutations ou inventions d'objets d'études. Il ne faut pas opposer ces deux registres, c'est-à-dire la tradition à l'actualité, car sur de nombreux points les révolutions théoriques semblent tout à fait fondées : l'origine de l'humanité, la pensée sauvage ou encore l'inégalité politique font partie à jamais du patrimoine de l'ethnologie et de l'anthropologie. Les dilemmes fondateurs pourraient être ainsi ramenés au nombre de quatre. Il y a tout d'abord le problème de l'**origine de l'homme et de la société primitive**. Puis se pose le rapport entre **Nature et Culture** comme cause de la diversité culturelle et comme possibilité naturelle de l'existence sociale. Ensuite, c'est l'**invention du lien social et des formes du politique**, le jeu incessant de l'inégalité qui mobilisent l'attention. Enfin, il y aurait comme un choix à faire entre la **raison symbolique** et la **pensée sauvage**. La combinaison des éléments de ces dilemmes peut résumer l'histoire de l'anthropologie dans la mesure où une série de débats récurrents les réunit ou les sépare depuis plus d'un siècle.

3.1 L'origine de l'espèce humaine et le rapport à la nature

L'ancienneté des sociétés et des cultures, le fantasme de la recherche des formes les plus simples, donc les plus primitives de l'organisation humaine, du langage, de la religion, de la famille, etc., sont des tentations permanentes de la discipline. La paléontologie, l'archéologie préhistorique, la primatologie, l'anthropologie physique ou biologique sont des disciplines largement « naturalistes » qui ont leur autonomie propre. Mais leur influence conceptuelle ou factuelle reste immense dans la mesure où la tradition évolutionniste a essayé de reconstruire les filiations qui mènent de l'animalité à l'humanité, d'identifier les cheminements et bifurcations qui auraient produit l'*Homo sapiens*, et enfin d'imaginer de façon raisonnable les premières formes des groupes humains et de leurs « productions » culturelles. La tradition américaine intègre, peut-être de façon plus formelle que réelle, toute cette réflexion au sein de l'anthropologie, même si les compétences nécessaires ressortissent des sciences biologiques et médicales et non des sciences humaines ou sociales proprement dites. Les études sur les gorilles, les fouilles africaines sur *Homo erectus*, les réflexions culturelles des anthropologues et archéologues dessinent l'apparition de l'humanité biologique et sociale. Mais la nature biologique de l'humanité peut-elle influencer sinon déterminer les caractéristiques premières de toute société ? Le courant de la sociobiologie s'est efforcé de prouver que la plupart des comportements et institutions dérivaient indirectement de modes biologiques et instinctuels de faire. Là encore, la biologisation de la culture a des racines anciennes, du moins idéologiques, et le risque de retrouver les classifications raciologiques, et le racisme qui les accompagne, est très grand (Wilson, 1979 ; Sahlins, 1980b). Mais si l'origine de l'espèce reste une préoccupation d'actualité, l'origine de la société, qu'elle soit biologique ou historique relève d'une mythologie plutôt fantasmatique. L'ethnologie n'a pas à réinventer le monde tous les jours.

Pourtant, le dilemme qui fait vivre la culture dans la nature ou qui transforme la première en une seconde nature est un autre lieu commun encore plus évident. La simplicité des technologies, le prétendu déterminisme de l'environnement, l'importance du monde naturel dans la perception et l'élaboration de la culture ont constitué l'un des premiers programmes de la discipline. Certes la distinction entre les deux univers est significative selon Claude Lévi-Strauss : « ... tout ce qui est universel chez l'homme relève de l'ordre de la nature et se caractérise par la spontanéité... tout ce qui est astreint à une norme appartient à la culture et présente les attributs du relatif et du particulier » (1967, p. 10. Voir note 7 page 56). Mais l'interaction entre les deux milieux n'est pas à sens unique. Si l'anthropologie écologique peut aller jusqu'à inclure la culture dans la liste des variables environnementales, il n'en reste pas moins que les approches évolutionnistes ou culturalistes classiques mettent en lumière des facteurs d'adaptation et de transformation. En France, la conception géographique des genres de vie a pu constituer une première forme de classement. Mais pour les structuralistes ou les marxistes, le milieu naturel est plutôt défini comme une ressource, symbolique dans le premier cas (la pensée sauvage), économique dans le second (les forces productives des modes de production).

3.2 Le social et le symbolique

Les deux dilemmes précédents concernaient la dualité intrinsèque de toute l'évolution humaine. Par contre, les deux suivants, le lien social et la représentation symbolique mettent en lumière l'acteur humain, individuel, collectif et générique. Dans ce cas, les théories de l'ethnologie et de l'anthropologie ne sont qu'une mise en forme spécifique de la théorie sociologique. Tous les penseurs jusqu'à la Première Guerre mondiale ont manifesté ce penchant conceptuel car toute théorie générale du social renvoyait conjointement aux sociétés primitives et aux sociétés historiques et modernes. L'invention du terrain ethnologique — et de façon corollaire le développement des sociologies empiriques aux États-Unis à partie des années 1920 — va briser cette unicité d'inspiration. Des orientations spécifiques et distinctes vont s'autonomiser et même s'opposer. Pour prendre les exemples de l'ethnologie de la parenté et de la sociologie de la famille ou de l'anthropologie politique et de la science (ou sociologie) politique, on s'aperçoit en effet qu'il y a là des domaines sans plus grand rapport. L'anthropologie ne s'occupe plus des origines de l'État qu'elle a confiées à l'archéologie et à l'histoire. De même, la psychanalyse a littéralement vampirisé l'anthropologie culturelle américaine dans les années 1930-1940 mais la quête du lien social fondateur apparaît aujourd'hui plutôt comme un problème de choix théorique (ou philosophique) que comme un objet réel.

Le dilemme le plus récurrent est certainement celui des formes et mécanismes de croyance. Le *Mana*, la mentalité prélogique, la pensée sauvage, l'idéo-logique, pour ne citer que quelques notions célèbres, ont fasciné tous les ethnologues et anthropologues de « cabinet » ou de terrain[15]. Une série d'habitudes comme la compilation ethnolinguistique, la recherche d'un sens (inconscient, implicite, structurel, politique), le rôle des innovations religieuses ont pu favoriser l'émergence de problématiques totalisatrices permettant d'articuler ou de synthétiser tous les niveaux de la culture, ceux des pratiques et ceux des symboles. Il est évident que l'anthropologie se sent particulièrement à l'aise face aux logiques de pensée les plus différentes de la sienne. D'autant que la vérification s'y avère par définition impossible ! Ainsi, les travaux de M. Griaule et G. Dieterlen sur les cosmogonies dogon n'auraient pas toute la rigueur sociologique souhaitable et l'œuvre de Carlos Castaneda ne serait qu'une gigantesque supercherie[16]. À ce niveau d'analyse, une seule question reste posée : peut-on comprendre l'Autre de l'extérieur ou faut-il au contraire abandonner toute idée de raison anthropologique ?

---

15. Elles renvoient aux travaux de M. Mauss, H. Levy-Bruhl, Cl. Lévi-Strauss et M. Augé (1975).
16. Lire *Histoires de pouvoir, Voir, Le voyage à Ixtlan* (Folio, Gallimard). L'auteur initié par un sorcier Yaqui (Mexique) produit une œuvre où on a eu du mal à distinguer la réalité de l'imaginaire. Se reporter au dossier réuni par D.C. Noël, *Carlos Castaneda - Ombres et lumières*, Paris, A. Michel, 1981.

Le poids des questions anciennes auxquelles ne peuvent être apportées de réponses définitives fait contraste avec l'énergie peu commune que la discipline manifeste pour rappeler sans arrêt sa pertinence contemporaine. Selon la conception philosophique ou épistémologique de l'ethnologie retenue, plusieurs ruptures ou révolutions scandent le siècle écoulé. La première porte évidemment sur l'invention de l'ethnologie elle-même, c'est-à-dire sur ses pratiques de terrain qui permettent enfin de reconstruire l'Autre de l'intérieur. Ce décentrement est radical puisque l'Autre n'est plus un simple effet de procuration justifiant une histoire universelle et occidentalo-centrique. La seconde mutation porte sur l'acculturation et le changement social : à la tradition succède la modernité (et ce faisant les deux perdent de leur identité séparée), à l'histoire froide, l'histoire chaude et la dynamique interne des processus sociaux. Cette invention anglo-américaine des années 1930-1940 reconnaît les effets du pouvoir politique : homogénéisation de l'espace national dans un cas, situation coloniale dans l'autre. À partir des années 1950, il n'est plus possible d'expliquer le local sans le global : l'objet ethnologique n'est plus soumis à une définition réductrice *a priori*, il est mouvement, relation, situation.

Une telle perspective explique la modernisation de l'ethnologie folkloristique ou des traditions populaires : l'anthropologie en s'universalisant rend possible l'étude de sa propre société. L'Autre n'est pas qu'un primitif exotique, il n'est pas non plus notre ancêtre rural, mais notre concitoyen et l'ensemble des Autres produits par notre société (l'immigré, l'exclu, etc.). Mais de même que l'ethnologie voit disparaître les frontières géographiques puis thématiques qui séparaient ses objets du reste des autres objets des sciences sociales, elle se soumet à des réappropriations totalement inédites. Dans les années 1960-1970, l'idéologie du « Pouvoir rouge » (calquée sur le modèle du « Pouvoir noir » des militants les plus radicaux des droits civiques) des Amérindiens d'Amérique du Nord exigeait de prélever une dîme sur les fonds de recherche d'une ethnologie considérée comme coloniale. Aujourd'hui, ce sont les autochtones ou les indigènes qui utilisent directement le discours et les résultats de la discipline pour la conduite de leurs combats politiques et « ethniques ». Ce retournement où l'Autre devient lui-même l'ethnologue ne peut qu'imposer, du moins provisoirement, une hiérarchisation différente des objets.

LES LIENS DU SOCIAL

La réflexion sur les sociétés « primitives », « traditionnelles » ou tout simplement considérées comme exotiques a mis simultanément en lumière deux phénomènes distincts : la différence de ces sociétés avec la nôtre et par là même, la spécificité des relations sociales qui les organisent. Une telle proposition apparaît comme évidente aujourd'hui. Mais l'histoire des théories ethnologiques nous rappelle qu'il existe un ethnocentrisme sociologique sous-jacent aux principes de la discipline. Les premiers modèles explicatifs étaient comparatifs mais, dans la mesure où l'on se contentait de classer les sociétés au moyen d'une grille plus ou moins évolutionniste (où l'étape finale correspondait à la société occidentale, moderne et rationnelle), il allait de soi que l'organisation sociale primitive n'était que le revers de cette médaille. Malgré ce préjugé épistémologique, le comparatisme ethnologique (Morgan, Tylor) oblige les ethnologues à reconsidérer leurs concepts et à tenir compte de l'effet de réel que les travaux de terrain et l'éthique du relativisme culturel imposent à partir du début de ce siècle.

Du coup s'opère un renversement : en privilégiant la spécificité de l'organisation sociale « autre », le travail d'explication ne se fonde plus sur la seule comparaison de sociétés différentes. En fait, on en oublie l'histoire (Malinowski, Boas) parce qu'on s'attache à la logique interne des institutions, des rapports sociaux et des cultures. Ce sont, par conséquent, des concepts moins généralistes renvoyant plutôt à des institutions ou à des comportements précis qui sont alors mis en avant. Ces concepts présentent deux caractéristiques : ils s'insèrent dans une réflexion sociologique d'ordre abstrait sur les conditions de possibilité de toute société (Mauss, Radcliffe-Brown, Lévi-Strauss) mais en même temps, ils désignent des réalités originales. La polémique entre culturalistes et structuralo-fonctionnalistes des années 1930-1950 véhicule par exemple un quiproquo : en privilégiant explicitement les totalités culturelles, les anthropologues américains (Kroeber, Herskovits) donnent l'impression qu'ils typologisent des modes d'être culturels (y compris le nôtre, voir M. Mead ou R. Benedict) alors que les Britanniques semblent préférer la neutralité froide, peut-être intemporelle, de la logique interne de l'organisation sociale.

Mais une telle sociologisation n'est pas à l'abri d'autres influences idéologiques. E.E. Evans-Pritchard et M. Fortes opposent les sociétés à État aux sociétés sans État dans leur célèbre ouvrage de 1940, *Systèmes politiques africains*. Cette distinction négative posera problème pendant presque un demi-siècle, même si elle permettait de revaloriser bon nombre de sociétés primitives par le biais du politique. D'autres remises en cause, plus décisives, ont porté sur le soi-disant soubassement naturel, c'est-à-dire biologique, de l'ordre social. La première concerne l'âge, la seconde le genre[1]. Certains anthropologues français, marxistes, ont appliqué le schéma des classes sociales aux catégories d'âge, opposant ainsi aînés et cadets (Claude Meillassoux, P.-Ph. Rey). De son côté, le courant féministe a très légitimement critiqué une ethnologie dominée depuis ses origines par un point de vue masculin sur la société.

Le territoire social de l'ethnologue s'est élargi parce qu'il n'est plus considéré comme primitif et que, reformulations critiques et élaborations inédites aidant, les instruments de sa cartographie peuvent s'appliquer partout. Paradoxalement, la mondialisation de l'altérité et la réinvention permanente de la tradition confortent le programme originel de la discipline en l'universalisant. L'historicité des objets de l'anthropologie confirme le fait que toutes les sociétés sont le fruit « d'une production continue et jamais achevée » (Balandier, 1985a, p. 8). Le lien social reste au principe de toutes les sociétés, que ce soit au sein des organisations familiales de base, au sein des formes complexes de l'ordre politique ou encore au cœur de la production et de l'accumulation. Le jeu symbolique est interne à tous ses registres mais il sera examiné à part.

---

1. Les études féministes ainsi que l'anthropologie ont systématisé l'usage du terme genre (de l'anglais *gender*) pour parler aujourd'hui de l'étude de la différence des sexes et du statut social des sexes.

1. HOMMES ET FEMMES : GENRE ET PARENTÉ

1.1 Les fondements biologiques et sociaux

L'expansion démographique de l'humanité n'est pas qu'un simple phénomène biologique déterminé par la nature des environnements et la résistance
physiologique de l'espèce humaine aux agressions de toutes sortes. Les
modalités de la reproduction humaine et les finalités de la procréation, la
différenciation des sexes et le contrôle de la relation sexuelle, la construction
des genres et la distinction des rôles dans la division du travail ne relèvent pas
d'une simple socialisation culturelle des instincts humains. Certes, l'anthropologie physique puis biologique dans ses orientations les plus excessives,
dont la dernière en date depuis un quart de siècle est la sociobiologie, ont
essayé de prouver que l'instinct de conservation et d'amélioration de l'espèce
définit **naturellement** les différents comportements de la vie collective
(regroupement et protection, violence et conflit) ou interindividuelle (choix
du conjoint sexuel, éducation des enfants, sélection pour assumer la taille
optimale de la famille). Toute une tradition de l'anthropologie culturelle ou
sociale (y compris marxiste) a essayé de sociologiser ces mêmes questions
tout en préservant la place de la dynamique proprement démographique au
sein des rapports sociaux.

Les recherches préhistoriques semblent avoir confirmé que les premières
sociétés humaines de chasseurs-cueilleurs étaient dans l'ensemble bien nour-
ries et relativement protégées des maladies infectieuses, avec des taux de
mortalité infantile et une espérance de vie relativement moyens. Ces
recherches confirment aussi que la complexification des structures sociales et
le passage à la sédentarisation et à l'agriculture sont intimement liés à des
transformations démographiques (accroissement de la population, modification des taux de natalité et de mortalité, etc.). Au XIXe siècle, certains théori-
ciens (Bachofen, Morgan) ont fait l'hypothèse que les premières sociétés
étaient matriarcales et fondées sur la domination des mères et des femmes.
Rien n'atteste qu'un tel système ait existé, ce qui n'a pas empêché certaines
anthropologues féministes américaines de décrire un matriarcat qui aurait vu la
défaite des femmes au cours d'une lutte de classes entre genres (Reed, 1979).

L'approche anthropologique du genre est d'abord une reconsidération des analyses disponibles. Citons A. Weiner (1983) qui a pu montrer l'importance de l'« oubli » des femmes et de leurs circuits d'échanges dans le tableau proposé par B. Malinowski de l'économie trobriandaise (dans *Les Argonautes…*). De façon plus générale, c'est la logique propre du monde des femmes (non seulement l'univers dit féminin mais le monde social global tel qu'il est vécu, représenté et interprété par les femmes) qui se trouve appréhendé parce qu'il est inédit (le fameux « oubli » masculin) et surtout parce qu'il est nécessaire (le féminin ne va pas sans le masculin et réciproquement). Nicole-Claude Mathieu rappelle en effet qu'il faut « obtenir le maximum d'informations du dominant… car il connaît le mode d'emploi, les mécanismes économiques et les justifications idéologiques, les contraintes matérielles et psychiques à utiliser et utilisées… » (1985, p. 181).

Une des théories les plus ambitieuses de la communauté domestique est celle qu'a proposée Claude Meillassoux, voici trente-cinq ans (Meillassoux, 1977, pp. 21-62). La communauté domestique est à la fois particulière (elle a son propre mode d'organisation) et universelle (tous les modes de production, y compris le capitalisme, sont fondés sur la persistance des rapports domestiques) : « La communauté domestique est en effet le seul système économique et social qui régente la production physique des individus, la reproduction des producteurs et la reproduction sociale sous toutes ses formes par un ensemble d'institutions, et qui la domine par la mobilisation ordonnée des moyens de la reproduction humaine, c'est-à-dire les femmes[2]. » Grâce à un examen des rapports de reproduction et des « structures alimentaires de la parenté », Meillassoux construit un modèle d'avances et de restitutions à travers les générations fondé sur la circulation et l'exploitation des femmes, modèle qui a le mérite de permettre une comparaison de *toutes* les sociétés, y compris celles d'aujourd'hui modifiées par les profonds mouvements internationaux de population.

La société humaine est en un sens une société féminine puisque les femmes constituent non seulement une partie décisive de la force de travail

2. Claude Meillassoux ajoute : « Ni la féodalité ni l'esclavage ni le capitalisme ne contiennent les mécanismes institutionnels régulateurs ou correcteurs (autres que la loi des grands nombres) de la reproduction physique des êtres humains » (1975, pp. 9-10).

disponible, mais parce que leur distribution sociale reste au fondement de la mise en œuvre de leurs compétences procréatrices. Ce processus s'insère dans des mécanismes de contrôle de la reproduction des individus et des groupes et de l'accumulation des ressources qu'ils réalisent. Ces phénomènes ont fait l'objet de trois lectures distinctes au sein de l'anthropologie. La première renvoie aux orientations culturalistes de la psychologie des peuples (M. Mead, R. Benedict) et à la lecture freudienne de l'origine du lien social notamment dans *Totem et Tabou*[3]. La seconde, plus descriptive que théorique, et sans portée explicative globale constitue ce que les Américains ont pu appeler une anthropologie de la sexualité[4]. Le regard clinique et comparatif sur le sexuel reste toutefois anecdotique et en un sens « honteux ». En fait, la troisième orientation, qui privilégie la culture et le social, a souvent fait l'impasse sur la loi de l'Œdipe comme sur le vécu sexuel pour construire le vaste champ inter-relationnel de la parenté. Aujourd'hui ce champ est en pleine redéfinition grâce notamment à une prise en considération de la théorie indigène de la reproduction sexuée où sont évoqués l'homosexualité et des comportements encore considérés parfois comme « anormaux » ou « immoraux ».

1.2 La parenté

L'étude de la parenté[5] a été considérée jusqu'à aujourd'hui comme le noyau dur de la discipline et ce pour des raisons aussi bien idéologiques que scientifiques. Ce fut d'abord le premier domaine de l'ethnologie à avoir été, dès le

3. Paris, Payot, 1973. Voir les analyses de P.L. Assoun, *Freud et les sciences sociales*, Paris, A. Colin (Cursus), 1993. Malinowski se situe également dans cette orientation grâce à sa théorie des besoins élémentaires et des réponses culturelles.
4. Lire la mise au point de D.L. Davis et R.G. Whitten, « The Cross-Cultural Study of Human Sexuality », *Annual Review of Anthropology*, vol. 16, 1987, pp. 69-98 (403 références). Sur l'attitude des ethnologues à l'égard de ce problème sur le terrain, se reporter à F.A. Salamone, « Oh vous voilà !, L'anthropologue hétérosexuel et le sexe », *Anthropologie et Sociétés*, vol. 19, 1-2, 1995, pp. 253-271.
5. C'est par commodité que parenté traduit le terme anglais *Kinship* qui était utilisé au début par les ethnologues anglo-saxons pour désigner « au sens premier les liens du sang et par extension le réseau des liens de parenté naturels ou conventionnels centrés sur Ego » (Zimmermann, 1993, p. 45). On trouvera dans ce dernier des explications plus détaillées. Voir également C. Ghasarian (1995).

milieu du XIXe siècle, objet de comparaison et de formalisation. Une telle préoccupation pourrait s'expliquer par plusieurs raisons : il y a pour commencer les débats obsessionnels autour de la notion de promiscuité sexuelle primitive, si contraire aux bonnes mœurs conjugales, monogames et chrétiennes de la bourgeoisie montante (et « évolutionniste »). Mais la recherche des origines présente une tendance sociologique (la famille serait au fondement de tout lien social) et une tendance biologisante (le besoin sexuel de la reproduction détermine les formes de l'institution de la société). Comme l'explique F. Zimmermann, «... la parenté se fonde sur les réalités biologiques de la procréation mais la société interprète, reconnaît ou non, sanctionne par des prescriptions ou des interdits, ce donné biologique : voilà pourquoi les relations de parenté sont essentiellement sociales » (1993, p. 12).

Trois grandes séries de liens fondent la parenté, à savoir la **filiation**, l'**alliance** (ou le mariage), la **germanité**. À ces trois catégories, il faut ajouter le domaine de la terminologie qui reste l'analyseur numéro un de la construction de la parenté. Mais cette dernière comprend aussi les principes de résidence, de propriété et la notion de généalogie. L'application simultanée de tous ces principes définit des groupes concrets qui ont leur propre existence et signification, qui constituent la réalité vivante que l'ethnologue rencontre et enquête sur le terrain.

La filiation désigne la transmission de la parenté lorsqu'une personne descend d'une autre. Il faut distinguer ici (pensons à un enfant par rapport à son père et sa mère) entre la consanguinité qui renvoie aux véritables relations biologiques entre individus proches ou lointains et la parenté au sens large qui concerne autant les liens de procréation (géniteur, génitrice et progéniture) que les liens plus proprement sociaux et culturels des statuts de père, mère, fils, fille. Un individu est lié socialement à une lignée (filiation unilinéaire par le père ou la mère), à deux lignées (filiation bilinéaire par le père et la mère) ou à quatre lignées (filiation indifférenciée ou bilatérale par le père et la mère, du père d'une part et de la mère de l'autre). Dans le premier cas, la filiation se transmet par les hommes (mode patrilinéaire ou agnatique) ou uniquement par les femmes (mode matrilinéaire ou utérin). Pour la filiation bilinéaire (ou double filiation unilinéaire), « les deux filiations unilatérales se juxtaposent, chacune régissant à l'exclusion de l'autre la transmission de

Systèmes de notation et de représentation
des relations de parenté

Les ethnologues utilisent les symboles ci-dessous pour décrire commodément les relations de parenté. Ces symboles permettent de construire des diagrammes de parenté où l'on indique toujours l'individu de référence, Ego, dans le réseau des relations. Il est identifié par E ou en noircissant le symbole.

Symboles :

– un homme : Δ une femme : O   signe d'alliance : = ou |__|

– un couple marié : Δ = O ou Δ O
                                             |__|

– signe de germanité : |⎺|
  un frère et une sœur : des germains : |⎺|
                                        Δ O

– signe de filiation : |
  les enfants (fils et fille) d'un couple : Δ = O
                                              |
                                            Δ O

– personne décédée : $\cancel{\Delta}$, $\cancel{O}$

Schéma : sont indiqués ici les cousins d'Ego.

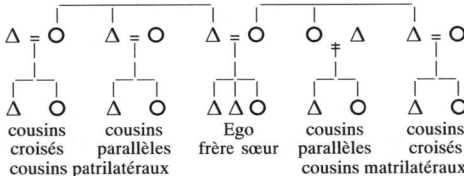

Δ = O Δ = O Δ = O   O = Δ Δ = O

Δ O Δ O Δ Δ O Δ O Δ O
cousins   cousins   Ego   cousins   cousins
croisés   parallèles   frère sœur   parallèles   croisés
cousins patrilatéraux   cousins matrilatéraux

Abréviations : elles sont utilisées pour désigner les termes élémentaires de parenté (en français et en anglais).

Pe [F] père, *father*	Fr [B] frère, *brother*
Me [M] mère, *mother*	Sr [Z] sœur, *sister*
Fs [S] fils, *son*	Ma [H] mari, *husband*
Fe [D] fille, *daughter*	Ep [W] épouse, *wife*

Ces éléments doivent vous permettre de comprendre le diagramme de la page deux, de repérer FeFsPe et d'identifier par exemple FeSrMe et FsFrPe !

certains droits »[6]. Quant à la filiation indifférenciée (ou cognatique), elle n'est jamais absolue même si, en théorie, les droits et devoirs envers les deux parents sont dans l'ensemble identiques. Ce cas correspond à celui que nous connaissons nous-mêmes dans les systèmes de parenté occidentaux.

Ce sont les fonctionnalistes comme A.R. Radcliffe-Brown ou B. Malinowski qui ont mis en avant la filiation comme déterminant la nature du système de parenté. Il faut par contre attendre la publication des *Structures élémentaires de la parenté* en 1949 pour que l'alliance et plus généralement l'échange de femmes organise l'ensemble de l'espace social[7]. Selon Claude Lévi-Strauss, il faut distinguer les structures élémentaires des structures complexes (qui concernent plutôt nos sociétés). Ces structures élémentaires impliquent des règles positives pour le choix du conjoint : on a alors affaire à un mariage prescrit ou préférentiel. Ces structures définissent deux systèmes : l'échange restreint ou symétrique de femmes entre un nombre pair d'unités d'échange et l'échange généralisé ou asymétrique orienté dans une seule direction. Le mariage est un phénomène social complexe qui comporte également une dimension rituelle et une dimension économique. Les transferts en nature ou en travail vont soit de la famille du fiancé vers celle de la promise (compensation matrimoniale) soit de la famille de la fiancée vers le mari ou vers son groupe d'appartenance (dot). Pour certains anthropologues contemporains (J. Goody, Cl. Meillassoux), ces prestations matrimoniales participent d'un système de différenciation et d'inégalité (aînés qui contrôlent à leur profit l'échange des femmes destinées aux cadets). Enfin, les germains constituent les groupes de frères et de sœurs qui sont à la base aussi bien des communautés familiales que des parentés par alliance. Ils sont la dimension supplémentaire qui permet de relier la filiation à l'alliance[8].

---

6. Voir D. Paulme, « La notion de parenté dans les sociétés africaines », *Cahiers internationaux de sociologie*, XV, 1953, pp. 150-173.

7. C'est l'interdiction de l'inceste qui fonde tout ce système d'échange et donc l'exogamie. Ce raisonnement est au fondement des *Structures élémentaires de la parenté* de Cl. Lévi-Strauss, Paris, PUF, 1949. Réédition augmentée, Paris, Mouton, 1967.

8. Sur l'alliance et la parenté en général, se reporter à Françoise Héritier, *L'Exercice de la parenté*, Paris, Gallimard-Le Seuil, 1981.

		Types de mariages
A	Exogamie	Terme forgé en 1865 par l'ethnologue J.F. McLennan pour décrire le mariage hors d'un groupe au sein d'un ensemble qui connaît un système d'intermariage. Désigne aussi le groupe au sein duquel le mariage est interdit.
	Endogamie	Groupe à l'intérieur duquel le mariage est autorisé ou prescrit.
B	Monogamie	Mariage d'un seul homme et d'une seule femme
	Polygamie	Mariage d'une personne avec plusieurs conjoints
	Polygynie	Plusieurs femmes mariées à un seul homme
	Polyandrie	Plusieurs hommes mariés à une seule femme
C	Lévirat	L'un des frères du mari décédé doit épouser sa veuve mais, en un sens, il reste un substitut puisque la plupart du temps les enfants issus de cette union sont considérés comme ceux du premier mari.
	Sororat	Le mari épouse la sœur de l'épouse défunte.

Lorsqu'on parle de résidence dans les études de parenté, on évoque la résidence d'après le mariage : les règles qui la définissent pouvant varier dans le temps. Ces règles renvoient aux modes de filiation : la résidence est patrilocale quand le couple s'installe chez le père du mari et ce mode peut devenir virilocal lorsque le mari s'installe à son compte. Dans le cas matrilocal ou uxorilocal, le couple s'installe au contraire auprès des parents de la jeune femme ou là où elle résidait avant le mariage. Lorsque le couple s'installe chez le frère d'une des mères, la résidence est dite avunculocale (en système matrilinéaire) et si la résidence ne rend compte d'aucun de ses déterminismes, elle est dite néolocale. Le cycle de développement du groupe domestique (autonomie économique, enfants, décès de parents, etc.) modifie ces modes de résidence. Dans les sociétés modernes, ce sont des enjeux souvent extérieurs à la parenté qui définissent les lieux de résidence.

Une partie importante de la réflexion sur la parenté se consacre à la terminologie, aux termes indigènes employés pour désigner l'ensemble des différents membres de la « parenté ». Il faut distinguer entre les termes d'adresse qui sont le nom donné à un parent allié *à qui* l'on parle et les termes de référence qui servent à désigner ceux *dont* on parle. On pourra d'ailleurs lier aux termes d'adresse le système des attitudes qui est, selon Lévi-Strauss, « une intégration dynamique du système des appellations »[9]. Les systèmes d'appellation peuvent se décomposer en systèmes descriptifs et en systèmes classificatoires. Les systèmes descriptifs ont un stock de termes précis qui concernent les parents des premier et second degrés : ceux qui sont plus éloignés sont désignés par des composés de ces termes (les Dinka et Shilluk du Soudan relèveraient de ce type). Mais ce sont les systèmes classificatoires qui ont fasciné les ethnologues depuis les travaux de L.H. Morgan sur les Iroquois : ils organisent une identification terminologique entre parents de générations différentes ou entre parents directs et collatéraux ou même encore entre parents de genres différents.

Dans un article de 1909, A. Kroeber[10] montre que tous les systèmes terminologiques sont en fait plus ou moins classificatoires. Et l'anglais qui possède vingt termes de parenté l'est autant que les langues des « primitifs » qui peuvent en avoir, d'après les données connues à l'époque, jusqu'à vingt-cinq ou trente. Selon l'anthropologue, il y aurait huit catégories distinctes de parenté : l'anglais n'en utilise que quatre alors que les langues amérindiennes par exemple en utilisent sept ou huit. Kroeber ira plus loin dans la critique des reconstructions évolutionnistes hypothétiques en affirmant que les termes de parenté « sont avant tout déterminés par le langage, et… ne peuvent être utilisés pour des inférences sociologiques qu'avec une extrême prudence ». Le travail de typologie inauguré par L.H. Morgan sur le cas des Iroquois est élargi en 1897 par la comparaison menée par J. Kohler entre les systèmes crow et omaha. Enfin, c'est G.P. Murdock qui propose en 1949 dans *Social Structure* la typologie des six grands types de parenté (esquimau, hawaïen,

---

9. 1958 : p. 47. Voir plus généralement les relations à plaisanterie, d'évitement et de parenté rituelle (parrainage).
10. « Classificatory Systems of Relationship », *Journal of the Royal Anthropological Institute*, vol. 39, 1909, pp. 77-81. Je m'inspire ici de F. Zimmermann (1993).

iroquois, soudanais, crow, omaha)[11]. Il croise ces derniers avec les principales formes de filiation (patrilinéaire, matrilinéaire, etc.), ce qui lui permet de construire onze grands types de structure sociale !

1.3 Des clans aux classes d'âge

Mais l'introduction de l'usage du formalisme linguistique finit par isoler la parenté du reste de l'ensemble social. Toutefois, la parenté, ce sont aussi des groupes à forte cohésion en corps selon l'expression anglaise (*corporate*) qui font voir des communautés réelles d'ordre historique, démographique et sociologique. Les regroupements les plus connus sont le clan et le lignage. Le **clan** désigne un groupe exogame dont les membres se réclament d'un ancêtre commun selon une filiation unilinéaire. Tylor et Frazer associent ces groupes au totémisme et à un découpage territorial. Mais aujourd'hui, on insiste sur les autres fonctions rituelles, politiques, voire économiques des clans et l'exogamie n'est plus un critère discriminant. Les anthropologues fonctionnalistes donnèrent un poids considérable à l'organisation en **lignages**, à cause des nombreux exemples africains. Si les clans coiffent les lignages, il peut exister également des clans sans lignages. Quant à ces derniers, ils interviennent à tous les degrés de la vie sociale : résidence, stratification sociale, distribution des ressources et des hommes. Le lignage possède une unité sociale et locale relativement bien affirmée mais conflits ou rivalités peuvent conduire à une segmentation. Ces segments pourront devenir à leur tour des lignages à part entière.

L'élargissement de la réflexion ethnologique aux exemples de l'histoire européenne et des sociétés dites complexes (ou considérées comme paysannes) est relativement récent même si la parenté a intéressé depuis longtemps les historiens, les juristes, les folkloristes[12]. L'examen des sociétés à filiation indifférenciée a permis de relativiser l'approche ethnologique et de mettre en valeur des systèmes plus souples dits à parentèle ou au contraire à

---

11. Notons la coïncidence qui voit paraître simultanément cette année-là les ouvrages de G.P. Murdock, Cl. Lévi-Strauss et M. Fortes.
12. Voir les travaux de T. Jolas *et al.* (1990) et de M. Segalen (1980).

maison. Le premier, formalisé par G. Augustins notamment (1990), met en avant l'équivalence entre germains et utilise toutes les ressources possibles d'une parenté très élargie où peuvent même intervenir des parentés fictives, des relations amicales, voire de clientèle. Le système à maison par contre insiste beaucoup plus sur la résidence, sur une hiérarchie entre germains, entre aînés et cadets, sur l'existence d'un groupe domestique stable. C'est Cl. Lévi-Strauss qui a remis cette notion au goût du jour en réexaminant l'institution de la maison chez les nobles Kwakiutl (*numaym*) et il note : « Tout le fonctionnement des maisons nobles européennes ou exotiques implique une confusion de catégories ailleurs tenues pour corrélatives ou opposées et qu'on verra traiter désormais comme si elles étaient interchangeables : la filiation vaut l'alliance, l'alliance vaut la filiation » (1979, p. 191).

L'âge s'avère un instrument tout aussi efficace que le genre pour lire l'organisation sociale. L'âge est une évidence « anthropologique » mais il y a plusieurs manières de le mettre en valeur. La première consiste à insister sur la séniorité absolue, le rôle des vieux ou des anciens dans la représentation symbolique de l'autorité, dans la fonction mémorisante de la tradition, dans le maintien de l'ordre et des identités. Cette perception de l'aînesse peut s'appliquer à l'ensemble des rapports sociaux, politiques et économiques et sortir du cadre *stricto sensu* de la parenté. La seconde orientation, que nous avons évoquée à plusieurs reprises, consiste à découper l'ensemble de la société en deux catégories, celle des aînés et celle des cadets. Cette interprétation a fait l'objet d'une théorisation marxiste qui a relu ces catégories d'âge comme des catégories plutôt abstraites de classe, mais il est possible d'opposer une vision dynamique qui relativise le caractère fermé de la classe des aînés à une vision plus statique qui définit des catégories d'aînesse sociale permanente (un lignage par exemple) correspondant à un statut et non à un âge donné. Cette ethnologie reste malheureusement très masculine car elle n'examine ni les aînées ni les cadettes.

Cependant, le cas le plus original est bien celui des classes d'âges entendues dans un sens plutôt générationnel. En Afrique de l'Est notamment, il existe plusieurs sociétés, plus ou moins pastorales par ailleurs, qui connaissent de tels systèmes, relativement autonomes par rapport aux systèmes de parenté (Maasai, Turkana, Oromo), et qui permettent de catégoriser la totalité de la société. Le vocabulaire pour définir ces systèmes a pu varier (groupes d'âge puis classes d'âge). Présents dans des sociétés sans système politique centralisé, ces systèmes connaissent deux modes de constitution. Dans le mode plutôt initiatique (ou linéaire) qui permet de former une classe d'âge à partir de tous ceux qui ont participé au même cycle d'initiation, le nombre de promotions n'est pas limité de même que les noms qui les désignent. Dans l'autre cas, dit générationnel (ou cyclique), l'âge réel est celui des générations : un père et un fils n'appartiennent pas à la même classe. Dans les deux cas, l'individu appartient dès sa naissance à une classe d'âge avec laquelle il passe d'un degré ou d'un échelon à l'autre. Ainsi, chez les Maasai, il existe quatre grades qui définissent des fonctions sociales successives et différentes : guerrier, chef de famille, responsable politique, responsable religieux. Ces systèmes représentent les moments importants de la vie des individus (âge au mariage, pouvoir rituel, âge des enfants) et articulent hiérarchie des classes et égalité d'appartenance à une classe donnée. Le maintien de tels systèmes est assuré grâce à des mécanismes cognitifs et identitaires très originaux. Ils mettent en valeur une organisation collective, à la fois contraignante et polarisante, qui socialise les cadets tout en interdisant aux aînés de conserver de façon permanente la haute main sur le déroulement des événements.

2. DE L'ORDRE SOCIAL AUX SYSTÈMES POLITIQUES

2.1 Pourquoi penser le politique ?

La double tradition classificatrice et comparatiste de l'ethnologie a donné lieu à une prodigieuse prolifération de types d'organisation sociale et plus précisément d'organisations sociopolitiques. Des typologies spécifiques existent pour la parenté, l'économie ou encore les religions. C'est à partir des années 1930 que le politique est devenu plus ou moins autonome grâce au développement des travaux de terrain et des réflexions des anthropologues britanniques, se réclamant plutôt du fonctionnalisme[13]. Dans le cas des systèmes

---

13. Voir E.E. Evans-Pritchard et M. Fortes (1964), M. Gluckman (1965), E. Leach (1972).

politiques, nous avons le plus souvent affaire à des typologies plus larges dans la mesure où l'hypothèse implicite de toutes les théories, jusque dans les années 1970, envisageait le politique comme un ensemble de fonctions intégratives, comme une machine à maintenir l'ordre culturel et ses mécanismes de hiérarchisation et de reproduction. Mais n'oublions pas les racines politiques de l'anthropologisme des philosophes du XVIIIe siècle (la critique du despotisme et de l'obscurantisme) ainsi que l'historicisme mécaniste des évolutionnistes ou diffusionnistes du XIXe siècle à la recherche des origines de l'État.

L'organisation sociale a pu être envisagée comme un ensemble organique (Spencer) ou plutôt structurel (Radcliffe-Brown). L'un des modèles les plus connus est celui proposé en 1893 par É. Durkheim dans *De la division sociale du travail* où il oppose la solidarité mécanique des sociétés segmentaires à la solidarité organique des sociétés modernes. D'autres modèles ont vu le jour, qui mettent au premier plan soit une série de fonctions ou d'instances hiérarchisées (les réponses culturelles, la stratification sociale, les modes de production) soit des ensembles de groupes articulés entre eux (lignages, castes, classes). Ces diverses approches ont néanmoins en commun le fait d'affirmer l'existence d'un lien explicite entre la totalité culturelle ou sociale et les modalités d'organisation et d'expression du pouvoir. Malgré les contradictions notables entre toutes ces perspectives théoriques, il conviendrait de les considérer comme complémentaires. L'anthropologie politique, puisque c'est le terme d'usage courant dans la discipline aujourd'hui, doit conserver une perspective holiste et historiciste sous peine de sombrer dans une espèce de psychosociologie du sens commun (Bailey, 1971). Les grandes démarches théoriques (évolutionnisme, fonctionnalisme, marxisme) ont intégré la forme de l'État à leurs analyses bien que certaines aires culturelles en soient visiblement dépourvues (Amériques du Nord et amazonienne, Océanie). Il est certes possible de souhaiter une autre vision du pouvoir et de **valoriser le lien social qui ne connaît pas l'État**, qui préfère *La Société contre l'État* (Clastres, 1974). Mais même en s'attachant aux politiques de la localité (*local level politics*), l'anthropologie doit penser comparaisons et transformations. D'ailleurs, sa méthode a séduit les spécialistes de la science politique lorsqu'ils ont voulu analyser la modernité spécifique des champs politiques nationaux en Afrique noire, en Inde ou ailleurs[14]. Mais paradoxalement, c'est plutôt le courant symboliste et des représentations qui inspire M. Abélès lorsqu'il décrit les élections de 1989 dans l'Yonne (1989) ou la vie du Parlement européen.

2.2 Diversité des systèmes d'État

Peut-on parler d'un degré zéro du politique ? Existe-t-il une circonstance, une situation où l'on peut observer la naissance du politique parce qu'apparaîtrait un pouvoir... politique justement ? Ou au contraire tout est-il d'emblée de nature politique, comme l'ont laissé entendre plusieurs théories, parce que l'ordre, le maintien de l'ordre, le règlement des conflits est consubstantiel à toute vie collective, à toute société ? De la sociobiologie au fonctionnalisme, ou encore au marxisme, l'interprétation du « tout politique » a de nombreux adeptes. Quant aux écoles évolutionnistes, notamment américaines, elles insistent encore aujourd'hui sur la relation entre « domination politique et évolution sociale ». Une critique méthodologique plus radicale interroge la qualité ethnographique et met en question les préjugés occidentalo-centriques si manifestes dans ce domaine. Ainsi, il y a près de trente ans, R.F. Stevenson avait-il démontré à propos du fameux *Systèmes politiques africains* que plusieurs des cas à État étaient en fait le résultat d'une mutation récente provoquée par une conquête coloniale alors que plusieurs des cas sans État connaissaient des institutions rituelles ou économiques faisant fonction d'appareils intégratifs.

L'anthropologie applique de façon parfois un peu irréfléchie un réflexe de type fonctionnaliste selon lequel une structure doit coordonner ou représenter toutes les autres structures. Mais faut-il penser avec Pierre Clastres qu'une société peut s'organiser consciemment contre la maturation d'un pouvoir étatique en germe ? M. Abélès examine de près cette obsession de l'État et conclut qu'il y aurait deux paradigmes : celui de l'imbrication du politique dans le social et celui de la genèse du politique (sous-entendu de l'évolution

---

14. Voir les travaux de J.-F. Bayart et des chercheurs liés à la revue *Politique africaine* (1992).

inéluctable vers l'État) (1990). Mais si l'on choisit l'universalité du politique, il ne faut pas pour autant l'appliquer à tout et concevoir le pouvoir comme une forme de domination par procuration. Une telle démarche, en effet, paraît particulièrement bien adaptée à l'élucidation du politique dans les sociétés de petite taille, où la chefferie semble s'exercer de façon consensuelle et démocratique. Faut-il pour autant croire l'ethnographie de P. Clastres sur parole, dans la mesure où ce rousseauisme se retrouve chez J. Lizot, spécialiste des Yanomami du Venezuela (et du Brésil), pourtant considérés par l'Américain N. Chagnon comme un « peuple féroce » ! Les traditions scientifiques nationales ne sont pas les mêmes et ce seul exemple montre qu'il faut joindre une critique philosophique ou idéologique à une déconstruction méthodologique. Faut-il rappeler dans ce cas précis l'exemple bien connu des Nambikwara de Claude Lévi-Strauss : « J'avais cherché une société réduite à sa plus simple expression. Celle des Nambikwara l'était au point que j'y trouvai seulement des hommes » (1955, p. 284).

La perspective néo-évolutionniste des Américains J. Steward, E. Service ou M. Fried se fonde sur une approche d'écologie culturelle où l'adaptation à l'environnement, donc les moyens de subsistance et la taille démographique, se manifeste au sein d'ensembles sociaux plus ou moins hiérarchisés et complexes. Le modèle le plus classique, et que nous rappelons ici de façon très schématique, comprend quatre niveaux qui sont autant de types socio-historiques :

– la bande est fondée sur la famille et fonctionne de façon égalitaire (voir les Inuit du Canada, les !Kung Boshiman du Botswana) ;

– la tribu ou groupe local est à cheval entre les sociétés égalitaires et les sociétés à rang : elle peut connaître une organisation sous forme villageoise mais les positions d'autorité ou de séniorité ne sont ni cumulables ni transmissibles. Les sociétés segmentaires et lignagères d'Afrique noire constituent un bon exemple (Tiv du Nigeria, ou encore les Tikopia des îles Salomon d'Océanie) ;

– les chefferies connaissent un appareil politique plus ou moins centralisé et personnalisé et peuvent regrouper une population de plusieurs dizaines de milliers de personnes au sein d'une organisation sociale très stratifiée. Les fonctions du maintien de l'ordre, de la réglementation de la production et de l'activité rituelle sont séparées, donnent lieu à des rôles spécifiques et favorisent l'apparition de groupes spécialisés (Bamileke ou Bamum du Cameroun) ;

– l'État enfin, qu'il est peut-être difficile de définir rétrospectivement dans la mesure où l'institution politique centrale (royauté et notamment royauté sacrée, monarchie féodale) coexiste, dans des rapports parfois conflictuels, à la fois avec une division plus ou moins fonctionnelle et hiérarchique en appareils spécialisés de nature quasi bureaucratique et avec une division territoriale où peut se lire l'histoire sociale d'une série de conquêtes et de dominations ethniques ou culturelles (Ashante, Abron de Côte-d'Ivoire et du Ghana, Kachin de Birmanie). Évidemment, l'anthropologie de l'État va jusqu'à prendre en considération celui des grandes civilisations (Inca, Chine, Égypte, Inde) et celui issu de la modernité occidentale du XIXe siècle.

L'obsession de l'État est certainement un phénomène ethnocentrique mais il n'en reste pas moins qu'aujourd'hui, les Yanomami, les Nuer, les Kanak ou les Inuit participent de champs politiques nationaux, voire internationaux. Il ne s'agit pas de relire leur ethnographie ancienne (d'il y a 50 ou 100 ans) à l'aune de cette nouvelle modernité, mais de comprendre comment l'histoire contemporaine a remodelé leur politique parce que **le** politique y existait déjà.

2.3 Des conflits au changement

Qui dit ordre au singulier (maintien **de** l'ordre, maintien d'**un** ordre) ou ordres au pluriel (une hiérarchisation de groupes) pense tout naturellement désordre, c'est-à-dire désorganisation, dysfonctionnement ou conflit. De la dispute conjugale, qui engage l'ordre matrimonial et domestique, à la guerre et à sa violence armée et territorialisée, du conflit foncier entre groupes familiaux aux extorsions fiscales et tributaires d'un pouvoir considéré comme abusif, de l'insulte à la transgression rituelle et symbolique, c'est l'ensemble social qui se laisse voir dans le jeu de la norme et de la peine, dans la réciprocité qu'engage toute domination qui doit conforter la légitimité de l'ordre des choses. Pour assurer la pérennité de toute société, il faut pouvoir réglementer, solutionner et sanctionner (à tous les sens du terme) les désaccords et les manquements, réparer le « mal » et définir des peines compréhensibles et significatives. La « paix » des ménages et des villages est le fruit d'un compromis permanent qu'actualise tel ou tel rappel au réaménagement des droits et des devoirs.

Ce vaste champ de jurisprudence et de tradition orale constitue le domaine de l'anthropologie juridique. Pour certains, c'est l'une des plus anciennes spécialisations de la discipline puisque plusieurs des penseurs anthropologues du XIXᵉ siècle étaient des juristes ou réfléchissaient au moyen de catégories juridiques (H. Maine, L.H. Morgan). Cette conception ethnocentriste a conduit à définir l'anthropologie juridique plutôt comme une science de la jurisprudence, une espèce de science politique appliquée, dans la mesure où l'ordre des normes et de leur sanction relèverait plus d'un esprit de systématisation que d'institutions ou de fonctions explicitement juridiques et judiciaires (Rouland, 1990).

C'est Malinowski qui inaugure cette anthropologie juridique pratique, mais par ailleurs très fonctionnaliste, dans son ouvrage *Crime et coutumes dans une société sauvage* (1926). Ce sont la dispute, la vengeance (comme justice privée admise collectivement par réciprocité), en l'occurrence le conflit interne à un espace politique donné, qui fondent la recherche des modes de définition et de sanction. La transformation de ces coutumes en lois coutumières au sein des systèmes coloniaux (britanniques ou français, par exemple) a largement contribué à codifier ce qui n'était peut-être que des pratiques explicites au coup par coup. D'ailleurs, de manière plus générale, la « justice » peut renvoyer à la sorcellerie (donc à la lutte contre elle), à la colère des dieux, à des pratiques qui insèrent l'acte délictueux dans un ensemble plus large (qui peut nous sembler paradoxalement plus culpabilisant) où l'objectif de remise en (bon) ordre prime sur la punition individuelle. Mais aujourd'hui, aucune de ces sociétés n'est à l'abri d'une intervention du droit moderne, appliqué par un appareil spécialisé de l'État-nation.

Parmi les formes de conflits qui ont marqué l'imaginaire ethnologique (à la suite des fantasmes colonisateurs et conquérants), il y a bien entendu la guerre, mais dans la mesure où l'usage organisé de la violence ressortit avant tout de règles culturelles explicites, l'image habituellement militaire de ce genre d'affrontement s'en trouve singulièrement brouillée. Depuis le cas de la guerre aux finalités d'anthropophagie rituelle des Tupi-Guarani du Brésil dont témoignent les aventures de Hans Staden (1557) jusqu'aux guerres de domination ethnique et à finalité esclavagiste et commerciale des grands royaumes africains des XVIIe-XIXe siècles, on remarque qu'il n'existe pas de conflit purement territorial ou idéologique comme dans l'Europe moderne et contemporaine. L'imbrication territoriale « pacifique », la recherche de l'« insertion sociale » (des politiques démographiques de parenté expliquent le rapt des femmes chez les « violents » Yanomami) rappellent que la guerre est une activité sociale réglée comme les autres. La guerre fait partie de la fabrication de l'État, mais elle est plus que cela si nous suivons J. Bazin et E. Terray (1982).

Les sociétés lignagères segmentaires ne sont pas des sociétés à État même si elles peuvent connaître des « responsables » voire des chefs. L'inconvénient des typologies que nous avons évoquées à plusieurs reprises est leur caractère statique puisqu'elles ne peuvent nous expliquer concrètement comment s'opère la mutation qui ferait passer une société d'une catégorie à une autre. Seules une archéologie et une anthropologie historique peuvent nous aider à démontrer le développement réel des formations sociales. Ainsi l'État est peut-être une réalité avant tout territoriale, mais que dire des cas où ce sont les conquis qui deviennent les dominants ou de la proposition qui veut que les rapports de parenté cèdent la place à des rapports de domination de groupes, à des fonctions d'autorité supra-lignagère alors que la plupart des cas connus démontrent le rôle décisif des mécanismes familiaux de redistribution de l'autorité au sein d'une mécanique parfois très centralisée et hiérarchisée du pouvoir ? Bref, l'État au sens précolonial du terme n'a jamais été un objet de recherche de terrain. Certes les reconstitutions historiques retravaillent des traditions orales recueillies par le chercheur, mais ce dernier n'a jamais pu observer un phénomène d'autotransformation politique. L'État n'est pas forcément le fruit d'une conquête mais il est le résultat d'une longue durée, d'une anthropologie d'un espace politique ouvert, pluri-ethnique (pour schématiser l'explication) et non mono-ethnique. Depuis une quinzaine d'années, notamment au sein des études africaines où il est de plus en plus difficile de séparer les approches anthropologiques des approches historiques, la discussion sur la fabrication ethnique permet de rapprocher la question du politique de celle de l'État ancien comme de l'État moderne (colonial et post-colonial), et enfin de celle des territoires, des cultures et des identités. Une dimension reste encore toutefois absente, celle de l'action politique individuelle ou collective qui fabrique le politique. En fait, les théories macropolitiques ne peuvent pas expliquer le fonctionnement quotidien des systèmes, le rôle des acteurs, le poids des décisions et des contre-décisions.

Interprétant souvent l'évolution humaine comme une marche volontaire ou involontaire vers la modernité et l'État, les anthropologues ont pu donner l'impression, au moyen de typologies et d'un certain relativisme culturel, que l'État-nation n'était finalement qu'un cas particulier, celui de l'histoire européenne. D'où les critiques des années 1970-1980 contre cet ethnocentrisme implicite qui mettait de l'État, et par conséquent du politique, partout. Aujourd'hui, il faut déchanter et relire l'anthropologie politique du présent à l'ombre de ce fameux État-nation (quand il ne s'agit pas à nouveau de l'ordre international qui ajuste et qui structure !). Déjà le terme de tribalisme transformait les tribus dites primitives en instruments de réactions chauvines et particularistes. La tribu (et surtout son équivalent anglais *tribe*) a pendant longtemps renvoyé à des définitions fort différentes. D'abord synonyme de société primitive, ce terme en est venu à signifier un certain type de société segmentaire et lignagère. La tribu était un ensemble social à forte cohésion, possédant éventuellement un mode de défense (y compris militaire) de son identité territoriale (à cause de ses modes de segmentation ou d'articulation) comme chez les Maures.

Depuis vingt ans, ce sont les notions d'ethnicité et d'ethnie qui ont occupé le premier plan de l'anthropologie mondiale. Au sein d'une actualité faite de revendications « raciales » (Noirs américains) ou régionalistes (Basques, Serbes, Écossais...), l'ethnie a exprimé une forme de « réinvention de la tradition ». Il s'agit d'une relecture culturaliste et politique des objets de l'anthropologie, à un moment où il paraît de plus en plus difficile d'appréhender des totalités sociales homogènes, traditionnelles ou tout simplement conscientes d'elles-mêmes. C'est la description du pluralisme ethnique, donc des consciences ethniques face aux autres et à l'État central, qui a suscité la conceptualisation de l'ethnicité ; celle de la notion d'ethnie a suivi tout naturellement.

Le sens de l'ethnie

Le groupe ethnique a d'abord été un équivalent de la société tribale ou de la tribu, c'est-à-dire le terme générique qui désigne une société de petite taille aux traditions orales. Le *groupe ethnique* était et reste encore, d'une certaine façon, le terrain par excellence du chercheur de terrain : à chacun son groupe ethnique ! L'usage d'*ethnie* est plus récent et passe par le détour de l'ethnicité, la conscience de l'identité « ethnique ». Très populaire dans les sciences sociales américaines à partir des années 1970 pour évoquer les mouvements sociaux identitaires des populations urbaines (quartiers ségrégés), l'ethnicité, qui reflète une volonté ou un projet culturel (défense des langues, coutumes, origines), s'est en quelque sorte essentialisée sous le terme d'ethnie. Dans l'ethnologie, l'équivalent d'ethnicité était tribalisme (d'origine anglo-saxonne, de *tribe*, tribu). De nombreuses analyses des typifications ethniques ont conclu que ce sont les administrations coloniales qui ont inventé les ethnies en catégorisant, différenciant officiellement des groupes aux frontières mouvantes et aux identités plus relationnelles que traditionnelles. L'ethnie a été conçue comme une petite nation, d'où les nombreux conflits ethniques qui feraient obstacle à la modernité de l'État-nation. L'homogénéisation ethnique est en fait une espèce de manipulation ou de fabrication idéologique. Ce qui est ethnique, c'est telle tournure linguistique, telle technique du corps, tel vêtement, tel aliment, telle règle de mariage ou tel rituel symbolique où apparaissent des singularités. Les régularités culturelles existent mais c'est le champ politique moderne qui en enfle la signification et qui donne cohérence et continuité pratique à ce qui, par nature, est hétérogène et discontinu. Le sentiment ethnique peut exister, l'ethnie, elle, n'en existe pas pour autant[1].

---

1. J.-L. Amselle et E. M'Bokolo (sous la direction de), *Au cœur de l'ethnie*, Paris, La Découverte, 1985 ; J.-P. Chrétien et G. Prunier (sous la direction de), *Les ethnies ont une histoire*, Paris, Karthala, 1989.

3. SUBSISTANCE, ÉCHANGE, COMMERCE

3.1 Une anthropologie économique

De tout temps, l'ethnologie accorda un certain intérêt aux moyens techniques, aux instruments de travail et aux modes de savoir-faire. Une partie des objets réunis dans les collections et les musées relevait de cette catégorie, et la technologie comparée fut certainement l'une des sous-disciplines les plus actives. La perspective archéologique et préhistorique conforta cette orientation en mettant l'accent sur l'hominisation et l'invention des outils. Mais cette curiosité quasiment naturaliste (inventorier, décrire la fabrication et les usages) manifestait un état d'esprit plutôt positiviste qui déterminait les performances sociales et culturelles à l'aune de l'adaptation au milieu et de l'efficience des moyens mis en œuvre. Il fallut passer à une perspective plus globale où l'outil n'apparaissait plus que comme l'un des objectifs de l'amélioration des relations avec la nature, où savoirs et savoir-faire s'inséraient dans des mécaniques sociales, voire politiques ou rituelles (Leroi-Gourhan, 1946, 1965).

Le renversement analytique sera à la fois empirique et théorique. En effet F. Boas avec le *Potlatch*[15] et B. Malinowski avec le *Kula* vont démontrer que les sociétés primitives sont des sociétés de l'ostentation, du don et de l'échange, que ce sont des sociétés qui réussissent à produire bien au-delà du strict nécessaire. Marcel Mauss, qui avait lu leurs travaux et possédait une connaissance encyclopédique des recherches ethnologiques, publia en 1924 son texte le plus célèbre, *Essai sur le don. Forme et raison de l'échange dans les sociétés archaïques*. Cette théorie du don et du contre-don fonde le social dans la réciprocité. Le fait social total confirme que l'échange n'est pas qu'économique et que l'économique est par définition circulation, redistribution et échange. L'économie primitive n'est pas autarcique : elle fonctionne au-delà de l'autosubsistance entendue comme un face-à-face entre un petit groupe et son environnement naturel immédiat.

---

15. Terme provenant d'une langue de commerce de la côte nord-ouest de l'Amérique du Nord. Cette expression indienne désigne un ensemble de cérémonies où la distribution et la redistribution de biens de prestige et de nourriture prennent une ampleur considérable : le donataire doit s'efforcer de rendre plus que le donateur qui cherche à acquérir par ce moyen un statut social et politique plus élevé.

Il faudra attendre les années 1950 pour qu'apparaisse une anthropologie économique en bonne et due forme. À cela, il y a plusieurs raisons. Malgré la reconnaissance d'une dimension productive, l'ethnologie privilégie les explications sociologiques et culturalistes et se contente, en matière d'approche « économique », de décrire des techniques (dans le cadre des monographies de terrain) ou de comparer les environnements, leurs contraintes et les conditions de leur mise en valeur. La démarche en sciences sociales du développement imposée par la nouvelle situation mondiale après 1945, la revalorisation des hypothèses maussiennes par l'analyse structurale de Cl. Lévi-Strauss, les succès enfin de la théorie marxiste dans l'anthropologie des années 1960, concourent à mobiliser l'attention des ethnologues et des anthropologues autour des contradictions provoquées par le salariat et la monétarisation au sein de sociétés considérées jusque là comme précapitalistes ou de subsistance.

L'échange est partout : dans les effets lointains de l'économie internationale, dans la réorganisation des procès de travail, dans l'économie politique du symbole, dans le fonctionnement même de la réciprocité en matière de relations de parenté. Mais l'échange n'existe pas sans production et il faut rappeler, comme le note Cl. Meillassoux, « que la production s'enracine dans le travail... » (Meillassoux, 1977, p. 15). L'un des apports majeurs de l'anthropologie aujourd'hui est justement la riche diversité des formes de production et l'explication précise de systèmes économiques relevant de tous les milieux et de modes d'organisation sociopolitique très contrastés. La chasse, la cueillette, l'horticulture, l'agriculture itinérante ou sédentaire, la pêche, l'élevage nomade ou semi-sédentaire, les activités artisanales, voire de « service » (louangeurs, guérisseurs), constituent une liste inépuisable des activités, de l'organisation du travail et des produits et donc ce leurs usages, d'autant que l'ethnologie a pu documenter directement le changement technique et les transformations sociales qui l'accompagnent. Encore une fois, l'ethnologie économique dans le meilleur d'elle-même est une espèce d'histoire sociale de l'économie. Le *Kula* observé par Malinowski dans les années 1915-1917 n'existe plus, pas plus que l'économie politique de la hache de pierre qui venait de disparaître lorsque Maurice Godelier arrive sur le terrain des Baruya de Nouvelle-Guinée en 1967. Dans le registre des relations à l'environnement naturel et des mécanismes de production et d'échange, il est impossible de ne pas enregistrer d'emblée les mutations et migrations démographiques, la transformation des activités (introduction de cultures de rente extensives, disparition du cheptel suite à des sécheresses, dégradation des milieux naturels primaires, interdiction de la chasse ou de la pêche, etc.) et enfin la monétarisation de la réciprocité et du don. L'anthropologie économique devient une archéologie si l'on tient absolument à retrouver la nature originellement « primitive » ou précapitaliste (pour utiliser le critère des anthropologues marxistes qui ont inventé toute une typologie de modes de production anciens)[16] des phénomènes économiques[17].

3.2 Chasseurs-cueilleurs, éleveurs

Les chasseurs-cueilleurs restent l'exemple de l'homme de nature qui vit exclusivement des ressources prélevées directement dans le monde naturel. Ces sociétés ne sont en aucun cas une survivance contemporaine de sociétés inchangées depuis la préhistoire car un certain nombre d'entre elles, comme celle des Pygmées d'Afrique centrale, vivent en contact avec des sociétés d'agriculteurs. L'essentiel de l'alimentation provient de la cueillette même si la chasse, réservée aux hommes, est plus valorisée. Ces sociétés ne consacrent qu'une partie de leur temps disponible à ces activités de cueillette ou de chasse et l'image véhiculée par certains travaux ethnologiques est celle d'une société d'abondance (Sahlins, 1976). Les Inuit du Canada, les Boschiman du Botswana, les aborigènes d'Australie, les Indiens du bassin amazonien prouvent la variété des milieux mis en valeur, mais l'histoire des populations amérindiennes depuis le XVe siècle nous confirme qu'il s'agit parfois de faux archaïsmes (Lévi-Strauss, 1958, pp. 113-132) et que ces sociétés ont pu connaître par le passé des économies agricoles, et même sédentaires.

---

16. Voir les modes de production domestique, cynégétique (Cl. Meillassoux), lignager (P.-Ph. Rey et G. Dupré), africain (C. Coquery-Vidrovitch).

17. L'anthropologie historique africaniste a toutefois produit de remarquables études dans ce sens. Voir J.-P. Olivier de Sardan, *Les Sociétés Songhay-zarma. Chefs, guerriers, esclaves, paysans,* Paris, Karthala, 1984, Cl. Meillassoux (études présentées par), *L'Esclavage en Afrique précoloniale*, Paris, F. Maspero, 1975.

Les populations pasteurs-nomades présentent un autre modèle d'adaptation culturelle remarquable que l'on retrouve dans différentes régions du globe qui ont en commun d'être semi-désertiques et plus ou moins arides, là où l'agriculture s'avère difficile. La domestication des animaux se serait produite dans les mêmes régions que la domestication des plantes mais l'extension des terres cultivées a conduit l'élevage à devenir plus nomade et à se séparer de l'agriculture. Certes l'économie pastorale peut comprendre la chasse, le commerce caravanier et même une agriculture oasienne ponctuelle. L'économie pastorale peut se fonder sur un seul animal (le yack des Mongols ou le renne des Lapons) ou sur une combinaison complémentaire de bovins, de caprins et d'ovins. C'est le cas des populations africaines comme les Maures (dromadaires, chèvres), les Peul d'Afrique de l'Ouest ou les Maasai d'Afrique de l'Est (bœufs, chèvres). Mais les sécheresses de ces vingt dernières années ont profondément modifié ces sociétés puisqu'elles ont pu connaître la décimation totale de leur cheptel. La valeur sociale attachée aux troupeaux, le fait qu'ils soient exploités de façon très contrôlée et pour des raisons apparemment plus sociales (échanges matrimoniaux, tributs politiques) qu'économiques (échanges avec les agriculteurs), sont remis en cause. La consommation de la viande est limitée à de rares occasions ; par contre, en ce qui concerne les bovins, le lait et le sang sont consommés dans la diète quotidienne. L'accumulation et la diversification du bétail permet de se garantir à la fois contre les aléas climatiques, les épizooties et les risques de razzia. Cette thésaurisation sur pattes est le plus sûr moyen de conserver les moyens et les fins du statut social avec soi et d'en assurer le contrôle de façon permanente et directe. Ce complexe pastoral, comme on a pu l'appeler, est bien plus rationnel qu'il n'y paraît et l'ethnologie a beaucoup fait pour démontrer que le pastoralisme nomade relève d'une économie régionale où l'échange est présent depuis les temps les plus anciens. La sédentarisation de ces populations (l'interdiction du nomadisme transfrontalier par exemple) et le développement d'économies uniquement commerciales ont partout signifié la disparition ou la marginalisation dans le mépris (voir les Maasai du Kenya) de cultures des plus originales et très dynamiques[18].

18. Voir E. Bernus et F. Pouillon (sous la dir. de), « Sociétés pastorales et développement », *Cahiers des sciences humaines* (ORSTOM), vol. 26, 1-2, 1990.

3.3 Communautés villageoises et transformations économiques

Évidemment, la majorité des sociétés décrites dans la littérature ethnologique est dominée par l'agriculture. La diversité des aménagements des milieux géographiques, la modulation des organisations sociales témoignent d'une inventivité technique, d'un degré très poussé de connaissances écologiques et par conséquent des modes optimaux d'exploitation des ressources. C'est d'ailleurs là, dans l'organisation de la production des biens de subsistance, qu'ont pu trouver naissance hiérarchies sociales et appareils spécialisés (bureaucraties, armées) permettant d'entretenir une fraction de la population non productive. Mais dans ce cas, commerce de biens rares, razzias et esclavage sont nécessaires à l'accumulation « politique »[19].

Mais les communautés sédentaires, villageoises, finissent par être étudiées indépendamment de ces contextes macro-économiques et politiques. Elles deviennent même l'un des modèles par excellence de l'organisation économique et sociale dans la mesure où l'écriture, le passé ancien ou encore le degré très sophistiqué des systèmes rituels et symboliques ne les concernent que de très loin. C'est à propos de ces communautés que sont mises en lumière les relations étroites entre parenté et économie : les ethnologues d'inspiration marxiste vont même élaborer à ce propos un mode de production lignager. L'organisation du procès de travail, de la coopération dans la production (simple ou complexe), les mécanismes de contrôle de l'accès aux moyens de production que sont la terre et la force de travail humaine, l'indépendance très limitée des femmes, les finalités essentiellement sociales de la production (dot, rituels) dissolvent littéralement la production dans la sphère de la reproduction élargie des groupes. L'exemple des Gouro et des Dida de Côte-d'Ivoire étudiés par Cl. Meillassoux et E. Terray sont au fondement de cette approche. Mais l'échange de biens spécialisés existe dans ces sociétés (en l'occurrence des manilles en fer, *sompe* chez les Gouro, destinées aux

---

19. Les anciennes sociétés à État d'Amérique latine et centrale (Inca, Maya, Aztèque), d'Asie (Khmer, Chine) ont surtout attiré les historiens et les archéologues en raison de la nature des données sur lesquelles ils ont pu travailler (ruines, documents écrits).

dots)[20]. L'existence de circuits commerciaux (d'origine précoloniale) permet d'élargir la conception strictement parentale de l'économie. D'autant que les ethnologues et les anthropologues, devenus également par la force des choses des historiens, redécouvrent l'importance considérable de l'esclavage précolonial à la fois comme élément constitutif de la force de travail et comme objet de commerce et donc de butin de guerre. La juxtaposition de communautés agricoles et de superstructures politico-économiques expliquent les emprunts d'alors à un concept de Marx, celui de mode de production asiatique[21].

Très rapidement, cette ethnologie prend en considération les changements introduits par l'économie monétaire, commerciale, salariale et capitaliste. C'est d'ailleurs au sein même de ces mutations que sont observées les dynamiques « précapitalistes » ; d'où la difficulté parfois à identifier l'origine précise des phénomènes actuels. Les dimensions coloniales, nationales et internationales des économies villageoises ou « tribales » deviennent incontournables. C'est le cas, par exemple, du fonctionnement de la confrérie (musulmane) des Mourides du Sénégal que nous avons étudié. Fondée, à la fin du XIXe siècle, au milieu d'une intense confrontation armée entre les États wolof (autochtones) et l'armée française, cette confrérie reconstitue, sur le mode pacifique du prosélytisme religieux (hommes saints, marabouts et fidèles, *taalibe*), la stratification « traditionnelle » (qui superpose notamment les « nobles », les paysans et les esclaves). Un échange à la fois matériel et symbolique s'instaure entre ceux qui travaillent, fournissant en temps de travail, en nature ou en argent un surplus, individuellement très limité mais collectivement des plus significatifs, et ceux qui prient et sont les responsables à la fois religieux, moraux et parfois politiques des communautés. D'abord constituées de jeunes célibataires migrants, ces dernières se transforment à partir des années 1920 en villages. La confrérie accumule fidèles,

---

20. Lire notamment Cl. Meillassoux, *Anthropologie économique des Gouro de Côte-d'Ivoire. De l'économie de subsistance à l'agriculture commerciale*, Paris, Mouton, 1964.
21. L'historienne C. Coquery-Vidrovitch « africanise » le concept en articulant État et commerce à longue distance. L'étude exemplaire sur les rapports entre État, commerce et servitude est celle d'E. Terray, *Une histoire du royaume abron du Gyaman, Des origines à la conquête coloniale*, Paris, CNRS-Karthala, 1995.

ressources économiques et puissance politique. Reconnue comme un interlocuteur obligé du pouvoir colonial dès la Première Guerre mondiale (les marabouts mobilisent leurs fidèles pour les champs de bataille), elle devient à l'indépendance politique en 1960 l'un des instruments indirects du pouvoir des présidents du Sénégal. Les paysans mourides, producteurs d'arachide, ressource n° 1 du pays jusque dans les années 1980, profitent largement des moyens du développement. Mais depuis vingt ans, l'économie mouride est devenue d'abord urbaine (crise des sécheresses et de l'arachide, importantes migrations[22]) puis aujourd'hui internationale (commerce de contrebande, économie informelle et petit commerce en Europe)[23]. L'adaptation remarquable de ce qui reste avant tout une confrérie religieuse musulmane (avec son message et ses formes propres de mobilisation) aux mutations économiques (de l'autarcie communautaire aux réseaux internationaux passant par New York et Hong-Kong) confirme l'interpénétration « anthropologique » de l'ensemble des instances du culturel, du social, du politique et de l'économique. Une telle histoire sur un siècle nous confirme l'ancienneté des modernisations et l'importance des rapports sociaux dans le remodelage ou l'« interprétation » de la globalisation permanente et inéluctable de l'économie (Copans, 1980).

---

22. Touba, la capitale sainte, est même devenue la seconde ville du pays : voir Cheikh Gueye, « Touba : les marabouts urbanisants » in M. Bertrand et A. Dubresson (eds), *Petites et moyennes villes d'Afrique noire*, Paris, Karthala, 1997, pp. 179-203.
23. Voir les travaux de V. Ebin : « À la recherche de nouveaux "poissons". Stratégies commerciales par temps de crise », *Politique africaine*, n° 45, mars 1992, pp. 86-99 et « Les commerçants mourides à Marseille et à New York. Regards sur les stratégies d'implantation » in E. Grégoire et P. Labazée (sous la dir. de), *Grands commerçants d'Afrique de l'Ouest. Logiques et pratiques d'un groupe d'affaires contemporains*, Paris, Karthala, 1993, pp. 101-123.

CULTURES ET SYMBOLES, RITUELS ET LANGAGES

Il serait commode d'opposer de façon complémentaire le social et le culturel puisque les deux premières grandes définitions de l'anthropologie s'élaborèrent dans ces termes-la. Depuis longtemps déjà le débat a perdu son ton polémique et, en France, cette façon de concevoir l'ethnologie (soit sociale, soit culturelle) a toujours passée pour une bizarrerie anglo-saxonne. D'autant que, dans un mouvement de recherche et de recomposition puissant, Claude Lévi-Strauss a déplacé le terrain de la définition vers le concept et non plus vers l'objet avec son anthropologie structurale. Pourtant de nombreux domaines ne semblent pas relever de l'organisation sociale au sens strict : le culturel, le symbolique, le rituel, le langage sont aussi savoirs et représentations, codes et pratiques intellectuelles. À voir avec quelle maladresse et quelles difficultés les sciences sociales françaises s'efforcent de construire aujourd'hui l'interculturel, l'ethnologue se dit qu'on retrouve là l'effet de certaines lacunes objectives de la tradition nationale de la discipline.

Et pourtant l'ethnologie française, qui a singularisé et valorisé depuis ses origines le domaine des valeurs, de la mentalité, de la religion, des symboles et des représentations, est peut-être sans le savoir la plus culturaliste des anthropologies, puisqu'il s'agit là par excellence du registre de la fabrication et de la transmission des sens de la vie. À explorer le versant plus expressif mais également plus secret des rapports sociaux, politiques, économiques, on s'aventure dans le domaine de l'interprétation, de la relation entre les normes, les opinions, les pratiques, de l'équivalence problématique entre les individus (interlocuteurs concrets des ethnologues) et les collectifs auxquels ils appartiennent, du rôle des « traditions », des apprentissages dans la liberté de l'action humaine et de la création renouvelée de la matière sociale à travers les générations. Les particularités de la culture comme ordre des références (ou ordre des ordres) tient à la dialectique intrinsèque de l'oralité, entre mémoire et invention. Plus généralement, l'anthropologie est restée marquée par un culturalisme des lieux communs, de ce qui unifie et distingue à la fois, du sentiment d'une opinion commune, d'une juste moyenne entre des exigences contradictoires. Et pourtant la culture de l'anthropologie fut pendant longtemps celle de la séniorité et de la gérontocratie, de la masculinité, de la normalité. Elle fut même plus précisément sur le terrain la réinvention constante d'interlocuteurs opportunistes, le discours confrérique des fameux « informateurs privilégiés », le miroir, déformant peut-être, des curiosités, des fantasmes et des préjugés de l'enquêteur-étranger. La culture fut d'abord une projection de l'envie de l'Autre, une manière de faire bonne mesure, une façon de transcender les différences : la culture conçue comme un secret de famille qu'il faut dévoiler.

La culture est partout puisqu'elle est parfois un synonyme de civilisation, puisque la culture est à la fois un ensemble de survivances et de possibilités, de choses mortes et de choses vivantes, d'objets et d'expressions verbales. E.B. Tylor écrivait dans *Primitive Culture* : « Le mot Culture pris dans son sens ethnographique le plus étendu, désigne ce tout complexe comprenant les sciences, les croyances, les arts, la morale, les lois, les coutumes et les autres facultés et habitudes acquises par l'homme dans l'état social » (1871). Mais à la perspective englobante (il existe une culture) a succédé une perspective plus sociologisante où se juxtaposent des cultures institutionnelles et catégorielles. Ainsi, dans l'ouvrage *Reinventing Anthropology* de 1974 (édité par D. Hymes), deux parties sont consacrées successivement aux cultures dominées et aux cultures du pouvoir. Inspirés par le féminisme, certains anthropologues vont jusqu'à remettre en cause cette notion et proposent d'écrire *contre* la culture qui serait dominante *et* masculine.

Aujourd'hui, les traditions des différentes anthropologies se sont provisoirement rencontrées au sein d'une **anthropologie symbolique**. Ce sont les symboles qui exprimeraient la culture ou qui la fabriqueraient pratiquement. En fait, la remise en cause du marxisme sommaire qui séparait infrastructure et superstructure ou de l'anthropologie structurale qui récuse le rôle stratégique du politique dans l'interprétation du monde va signifier la fin d'un dualisme commode qui explique le culturel par le social. Les années 1980 voient s'ouvrir une nouvelle alternative : celle du tout symbolique où l'ethnologie n'est qu'une réécriture permanente de la culture (G.E. Marcus) ou au contraire celle de la quête d'une idéo-logique (M. Augé), voire d'un réel comportant une part d'idéel (M. Godelier). Une dialectique relie logiquement ou historiquement les modes de représentation, d'interprétation, d'action et les mécanismes de fonctionnement et de transformation. En étudiant l'un des niveaux, on s'attache forcément à l'autre et réciproquement. Des préférences, des dérives se font jour qui semblent donner le primat aux sens des signes en France ou aux sens des pratiques aux États-Unis ou en Grande-Bretagne. Toujours est-il que ce vaste champ sous-disciplinaire est très bouleversé, au point d'ailleurs de remettre en cause tous les repères sociologiques habituels du lien social et politique. La crise mondiale de la représentation politique, la recomposition sociale accélérée en situation de pénurie et de marginalisation, l'exacerbation de l'ambiguïté des sciences sociales, tous ces phénomènes expliquent le poids inhabituel de symboles inédits, flous et incertains (Balandier, 1985b). Comme de coutume, il y a d'une part les ethnologues qui fétichisent ces objets imprévus et puis de l'autre ceux qui les relativisent.

Plus astucieusement, l'ethnologie a découvert qu'elle pouvait faire du neuf avec du vieux : les traditions seraient devenues le moteur actif de l'organisation sociale. En démontrant l'intimité du social et du culturel, en rapprochant les représentations, les structures et les pratiques de façon syncrétique, l'ethnologie finit par privilégier l'expression et l'interprétation. L'œuvre de l'Américain Clifford Geertz (1926-...) est l'exemple parfait de ce renouvellement apparent des questionnements de base (1973, 1986). L'herméneutique et la phénoménologie culturelle assignent un sens premier à ce qui a pu paraître pendant longtemps comme plutôt superficiel dans les rapports établis entre structures sociales profondes et mécanismes de production de sens. En plaçant sur un même plan les phénomènes sociaux et les modes de représentation de ces mêmes phénomènes, les démarches « symbolistes » révèlent bien leurs préférences de fait pour la culture, la religion, les savoirs, les principes du pouvoir parce que l'ethnologie se contente alors d'interpréter ce qui est déjà par nature une interprétation.

1. ORDRE ET RATIONALITÉ DES CROYANCES

1.1 Du surnaturel au rituel : la religion

La religion a été, dès les origines philosophiques des sciences sociales, l'une des préoccupations les plus constantes des analystes du fonctionnement des sociétés et des cultures. Les notions de sacré, de surnaturel, de croyances, de dieu(x), d'Église, de rites, et d'autres notions qui ont pu leur être apparentées, ont été au cœur de plusieurs réflexions distinctes mais plus ou moins parallèles dans leurs intentions. La philosophie et l'histoire des religions se sont d'abord interrogées sur la nature humaine (l'âme existe-t-elle ?), puis sur la conformité de l'action humaine à des normes transcendantales. La lutte contre l'obscurantisme au XVIIIe siècle prend même la forme d'une sociologie politique qui dénonce les fabricants et manipulateurs de préjugés et réduit la religion à une domination cléricale et ecclésiale. La période fondatrice de la sociologie est ainsi riche de religions laïques qui complètent socialement et/ou émotionnellement le caractère positif, rationnel, scientifique des connaissances et des idées sur le monde. Ainsi en est-il d'Auguste Comte avec sa religion de l'Humanité. Durkheim lui-même conclut que le respect collectif porté par les individus à la société débouche sur le divin : la sociologisation d'une autorité supérieure n'est en fait qu'une laïcisation du sentiment religieux, de la croyance en une force collective, commune et supérieure.

Les premiers sociologues et historiens de la religion au XIXe siècle élaborent des systèmes plus ou moins évolutionnistes où est valorisé (de façon parfois très inconsciente) le progrès qui conduit aux religions monothéistes. Les sociétés primitives se trouvent ainsi particularisées dans leurs croyances et leurs rituels parce que ces observateurs estiment, de façon très ethnocentrique, que ces derniers rentrent difficilement dans la catégorie des religions. Pour M. Müller, ce qui compte, c'est la transfiguration des forces naturelles (naturisme), mais le premier effort théorique sérieux provient du britannique E.B. Tylor qui élabore la notion d'**animisme**. C'est l'âme qui serait au fondement de la croyance humaine. L'expérience du rêve conduit à croire au dédoublement de l'âme et plus généralement à la présence d'une âme dans les objets inanimés. Établissant une équivalence entre l'âme et l'esprit humain, l'anthropologue construit un modèle qui mène de la catégorie des esprits inférieurs à celle des divinités-espèces et enfin de ces dernières aux divinités qui gouvernent la nature et la vie humaine.

É. Durkheim et ses collaborateurs (Mauss, Hubert) préfèrent une approche plus sociologique, en ce sens qu'elle englobe l'ensemble des phénomènes religieux et qu'elle les fonde sur des croyances ou des pratiques identifiables. Enfin, l'ethnographie est largement mise à contribution, même si les références à l'Antiquité gréco-romaine et à la tradition judéo-chrétienne abondent. Ainsi, le totémisme, la prière, le sacrifice permettent-ils d'aborder ce que Durkheim nomme *Les Formes élémentaires de la vie religieuse* (1912). Il fournit une définition simple de la religion qui « est un système solidaire de croyances et de pratiques relatives à des choses sacrées, c'est-à-dire séparées, interdites, croyances et pratiques qui unissent en une même communauté morale appelée église, tous ceux qui y adhèrent » (1960, p. 65). Cette anthropo-sociologie de la religion a le mérite de confronter directement dans leur logique toutes les formes de croyance et surtout de relier ces dernières à l'ensemble de l'organisation sociale et culturelle. En fait, trois grands champs mobilisent l'ethnologie religieuse. Le premier porte effectivement sur **les explications du monde**, de l'ensemble des univers humain, naturel, surnaturel (imaginaires ? irrationnels ?). Ce champ comporte une dimension de connaissance empirique et pratique, d'explication mythologique, magique et scientifique et enfin d'éducation et de philosophie morale ou même sociale. Le second champ, auquel Durkheim et par la suite les grandes traditions de l'anthropologie ont accordé l'essentiel de leur attention, porte sur **la religion comme idéologie**, comme culture, comme théorie et pratique de l'ordre ou du contrôle social, comme élément du politique. Comme le note G. Balandier, « Le pouvoir est sacralisé parce que toute société affirme sa volonté d'éternité et redoute le retour au chaos comme réalisation de sa propre mort » (1967, p. 119).

Enfin, le troisième champ, celui des **rituels**, a été le terrain par excellence des recherches empiriques. Il a suscité une profonde transformation interne dans ce domaine, voire même une dissolution pure et simple des problématiques « religieuses ». La nature à la fois spéculative et pratique, abstraite et personnalisée des croyances, les modes d'institutionnalisation (jusqu'à la création d'églises), les relations d'imbrication entre séries et niveaux de procédures rituelles, la spécialisation relative des agents de ces dernières sont autant d'objets qui permettent de réintégrer (ou de dissoudre selon l'option théorique) le religieux dans l'ensemble culturel et social et de construire comme une grammaire générale des croyances et des pratiques en tout genre. Cette conception ramène à de justes proportions les prétentions spéculatives des phénomènes qualifiés jusqu'alors de religieux[1]. En effet, comment analyser rationnellement des croyances, des systèmes de représentation, des modes d'interprétations auxquels on n'adhère pas ? Il s'agit de refuser le sens qu'imposent les rituels, parce que l'objet de l'anthropologie n'est ni de confirmer ni d'infirmer celui-ci, et de s'interdire ainsi d'ajouter un sens supplémentaire, parce que toute explication rationnelle, par définition, produirait, elle aussi, son propre sens. Les chercheurs inspirés par le postmodernisme ont ainsi pu suggérer que l'initiation, l'apprentissage, l'expérience de l'adhésion étaient nécessaires à l'élucidation du sens. Cette extrême personnalisation de la preuve anthropologique peut pourtant finir par remettre en cause le principe d'une explication scientifique, qui doit rester impersonnelle[2].

1.2 Totémisme, magie, sorcellerie

À reprendre l'ensemble du patrimoine de l'ethnologie religieuse, il apparaît clairement qu'il n'existe pas de consensus sur ce qui fonderait le soubassement de toutes les religions possibles. Certes la coupure sacré/profane, théorisée notamment par Émile Durkheim, a pu paraître décisive, mais dans la mesure où elle est aussi relative, c'est-à-dire déterminée par la nature de l'organisation sociale, il existerait des sociétés (primitives) où le sacré serait plus présent ou plus consubstantiel. Le premier modèle fut celui du **toté-**

---

1. N'oublions pas toute la dimension psychologique des réflexions de Durkheim et de Mauss !
2. On trouvera un excellent exemple de ce problème dans le débat qui a opposé J.-P. Olivier de Sardan, « Jeu de la croyance et "je" ethnologique : exotisme religieux et ethno-égo-centrisme », *Cahiers d'études africaines*, 111-112, 1988, pp. 527-540 et P. Stoller, « Speaking in the Name of the Real », *Cahiers d'études africaines*, 113, 1989, pp. 113-125 (voir aussi la réponse de J.-P. Olivier de Sardan, « Le réel des autres », *idem*, pp. 127-135).

misme emprunté d'abord à des exemples nord-américains puis ensuite élargi aux sociétés aborigènes d'Australie. Ce rejet des sociétés totémiques du côté de la nature confirmait évidemment le caractère primaire, voire primitif de cette forme de croyance. Lévi-Strauss dans son panorama critique conclura qu'il n'en est rien car « le prétendu totémisme relève de l'entendement et les exigences auxquelles il répond, la manière dont il cherche à les satisfaire, sont d'abord d'ordre intellectuel » (1962a, p. 149)

Mais c'est la **magie** (et par voie de conséquence la **sorcellerie**) qui a mobilisé le plus l'ethnologie, soit parce qu'elle semble être véritablement la forme « idéologique » dominante, soit parce qu'elle constitue un vaste ensemble pratique et notionnel où peuvent se saisir en actes dynamiques les mécanismes d'interprétation des forces qui agissent réellement sur le monde. Qu'il y ait une complémentarité ou une continuité entre les deux ordres de phénomènes ne fait aucun doute lorsqu'on examine le traitement que les ethnologues leur ont appliqué. En conclusion à leur *Esquisse d'une théorie générale de la magie*, Marcel Mauss et Henri Hubert rappellent que « la magie n'a de parenté véritable qu'avec la religion d'une part, les techniques et la science, de l'autre »[3]. La magie est bien dirigée vers une fin, elle est pragmatique et elle donne un sens à des procédés techniques qui ont leurs propres contraintes. Mais la magie est comme une forme de pensée première : « Nous pensons trouver à l'origine de la magie la forme première des représentations collectives qui sont devenues depuis les fondements de l'entendement individuel. » L'analyse de la notion mélanésienne de *mana*, qui recouvre aussi bien le pouvoir du sorcier que la qualité magique d'une chose, sera reprise ultérieurement par Émile Durkheim à propos des religions australiennes. En assignant une fonction sémantique à cette notion (qui devient un symbole à l'état pur, à l'état zéro) dès 1950, Claude Lévi-Strauss annonce les qualités combinatoires de la pensée sauvage. C'est dire que la magie a suscité l'une des réflexions les plus stimulantes sur l'activité de fabrication et de croyance symbolique. Selon l'anthropologue, la religion serait donc « une humanisation des lois naturelles » et la magie « une naturalisation des actions humaines » : dans ce cas, les actions humaines sont considérées comme

---

3. *In* M. Mauss, *Sociologie et Anthropologie*, *op. cit.*, pp. 1-141, citations p. 134 et p. 137.

faisant partie intégrante du déterminisme physique. Mais surtout « chacune implique l'autre ». Il s'agit de « deux composantes toujours données, et dont le dosage seulement varie » (1962b, pp. 292-93).

Autre composante ou forme de l'action magique, la **sorcellerie**. Ce sont B. Malinowski et surtout E.E. Evans-Pritchard qui vont fournir les éléments d'une théorie fonctionnaliste de la sorcellerie. L'étude par ce dernier des Azande (Soudan) publiée en 1937 fait date. L'ethnologue y distingue deux formes de sorcellerie grâce à l'usage des deux termes anglais de *witchcraft* et de *sorcery*. La première renvoie à une capacité innée d'agir et ne nécessite ni rite ni charmes alors que la seconde est une pratique volontaire qui résulte d'un apprentissage et qui ne peut agir que par des formes et des moyens spécifiques. Mais cette distinction est parfois difficile à appliquer. La sorcellerie devient progressivement un objet anthropologique de première importance et ce pour plusieurs raisons. Tout d'abord le rôle social, thérapeutique, politique de la « sorcellerie » ne se discute plus. Elle paraît même un reflet particulièrement éclairant de la conjoncture historique[4]. Ensuite la sorcellerie a servi de point d'appui à de nombreux renouvellements théoriques, tant des réalités dites religieuses que cognitives ou même sociopolitiques (l'équilibre de l'ordre social, individuel et collectif). Enfin, la sorcellerie a été reconnue comme une réalité « *bien d'chez nous* », analysable toutefois selon une indispensable révolution méthodologique. Les recherches de Jeanne Favret-Saada dans la Mayenne ont non seulement révélé l'existence d'une sorcellerie — donc d'une croyance à la sorcellerie — active et « efficace », mais aussi mis en question la fameuse distanciation de l'observation étrangère qui serait par nature participante[5].

---

4. Voir M.E. Gruénais, F. Mouanda Mbambi et J. Tonda, « Messies, fétiches et lutte de pouvoirs entre les "grands hommes" du Congo démocratique », *Cahiers d'études africaines*, 137, 1995, pp. 163-193 et P. Geschiere, *Sorcellerie et politique en Afrique*, Paris, Karthala, 1995.
5. Voir ses deux ouvrages, *Les Mots, la mort, les sorts. La sorcellerie dans le bocage*, Paris, Gallimard, 1977 et (en collaboration avec J. Contreras) *Corps pour corps*, Paris, Gallimard, 1981.

1.3 Du rituel à la mythologie

Dans son *Manuel d'Ethnographie*, Marcel Mauss avait singularisé la religion proprement dite au sein de tous les phénomènes religieux par les caractères de sacré et d'obligation qui l'accompagnent. Le champ général des pratiques et des représentations s'organise en cultes que l'ethnologie définit de façon extrêmement spécifique et en rapport avec des catégories sociologiques précises. C'est donc au sein des rituels que sont repérés les rites qui seraient manuels, oraux (la prière), négatifs (les tabous). Le rite, dont le sens n'est pas que religieux, peut ainsi apparaître comme au fondement de tout l'édifice religieux : le rite existe, il est observable, il se « mentalise » sous forme symbolique, il est celui qui actualise l'opposition sacré-profane, il est le temps fort du rituel qui possède une forme plus complexe, presque cérémonielle. C'est A. Van Gennep qui construit l'un des premiers ensembles de rituel avec son analyse des rites de passage (1909). Ces rites explicitent et symbolisent les diverses étapes de la vie individuelle (naissance, puberté, mariage, mort) et collective (calendrier agricole). Ils vont même plus loin en fabriquant de nouvelles personnalités sociales au cours d'une triple procédure de séparation, de mise à la marge provisoire (étape liminaire) où sont mis à contribution des rites d'inversion, de mort, de résurrection, et enfin de réagrégation au groupe social. Jusque dans les années cinquante, l'anthropologie assigne aux rites une fonction seconde. Le déplacement du centre d'intérêt des anthropologues britanniques du fonctionnement stable vers la variabilité (E. Leach), le conflit ritualisé (M. Gluckman), vers les réseaux (P. Clyde Mitchell) ou le drame social (V. Turner) va contribuer à mettre le rituel au cœur de l'analyse ethnologique. Le déséquilibre provoqué par une forme de conflit doit être corrigé : le rituel exprime l'ensemble des représentations, des décisions, des mécanismes qui à la fois fondent et refondent l'ensemble social. D'une perspective globalisante et plutôt institutionnelle (M. Gluckman a privilégié la sphère politique et juridique), on passe à une conception plus interactionniste et personnalisée où les rituels deviennent pratiquement les instruments de définition et de regroupement sociologique des membres d'une communauté. Mais le sens provient autant de la manipulation des symboles par les agents que des relations que les symboles entretiennent entre eux. Même si les rituels sont le résultat d'un « inconfort moral » ressenti par le groupe, la divination, la sorcellerie (pour ne pas parler des formes plus « laïques » d'ordre juridique ou politique) sont les moyens les plus réputés de remise en état d'un ordre qui est forcément différent de l'ordre social préexistant à la crise. Pour M. Gluckman, les rituels dramatisent les relations morales du groupe, ils permettent de cacher les « dysharmonies fondamentales » de la structure sociale. Mais le renforcement des rôles prescrits par le rituel, les liens entre les explications mystiques ou religieuses font du rituel la machine à produire et reproduire du social par excellence[6].

En progressant du rite au rituel, du rituel comme phénomène spécifique au rituel comme phénomène social total, puis au social comme ritualisé par essence ou nature, on passe à nouveau d'une conception restreinte en quelque sorte des actions, institutions et organisations religieuses (ou rituelles) à une conception élargie où le symbolique comme le Dieu de Pascal serait à la fois partout et nulle part. En fait, on change de registre, comme le remarque Marc Augé en conclusion d'une présentation d'un recueil de textes sur les dieux et les rites : « Il est […] remarquable qu'un ouvrage consacré aux dieux et aux rituels nous laisse entendre que les hommes ont davantage besoin de rituels que de dieux, qu'ils s'intéressent plus à leur vie qu'à leur mort, aux événements qu'à la destinée — moins au sens de leur existence qu'à celui de ses accidents » (Middleton, 1974, p. 36). Cela conduira d'ailleurs l'anthropologue à faire plus tard l'éloge du *Génie du Paganisme* et à débusquer en quelque sorte la part « païenne » de toute société et de toute religion : « Parler des dieux, des héros ou des sorciers, c'est aussi parler très concrètement de notre rapport au corps, aux autres, au temps, parce que la logique païenne est à la fois plus et moins qu'une religion : constitutive de ce minimum de sens sociologique qui investit nos comportements les plus machinaux, nos rites les plus personnels et les plus ordinaires, notre vie la plus quotidienne — nos intuitions les plus savantes » (1982, pp. 15-16).

Pourtant le rituel peut prendre un autre sens si on le compare à la mythologie. Dans le finale de *L'Homme nu* (1971, pp. 597-611), Claude Lévi-Strauss

6. Voir M. Gluckman (1965) et les différents ouvrages de V. Turner dont *Les Tambours d'affliction. Analyse des rituels chez les Ndembu de Zambie,* trad. française, Paris, Gallimard, 1972 (1re éd., 1968).

expose une gradation qui mènerait de la mythologie explicite (« au sens plein une littérature ») à une mythologie implicite (« où des fragments de discours deviennent solidaires de conduites non linguistiques ») au rituel à l'état pur enfin consistant en paroles sacrées (inintelligibles), en gestes corporels et en objets. Pour l'anthropologue, les gestes et les objets sont autres que dans leur usage quotidien : « [ils] sont autant de moyens que le rituel s'accorde pour éviter de parler ». Les procédés utilisés sont le morcellement et la répétition (puisque les rituels sont longs et compliqués) qui cherchent à rattraper le vécu. En effet, le « souci maniaque (du rituel) de repérer par le morcellement, et de multiplier par la répétition, les plus petites unités constitutives du vécu traduit un besoin lancinant de garantie contre toute coupure ou interruption éventuelle qui compromettrait le déroulement de celui-ci... Au total, l'opposition entre le rite et le mythe est celui du vivre et du penser, et le rituel représente un abâtardissement de la pensée consentie aux servitudes de la vie » (1971, p. 603). **Le rituel est donc en quelque sorte un langage**. Mais nous venons de le voir, il y a plusieurs manières de produire du sens, de manière verbale et de manière non verbale. Le domaine des croyances nous ramène donc à ce qui fonde l'humanité et toute culture. Et la dette de l'ethnologie, de l'anthropologie ici, est considérable. Sans conclure que le social et le culturel ne sont que pensés (ou pensées), on saisit l'importance que les théories et les méthodes d'enquête de la linguistique ont pu jouer dans la programmatique de la discipline, tout simplement pour comprendre les langues et les notions des populations étudiées. Comme l'avait remarqué Jean-Marie de Gérando dès 1799 : « Le premier moyen pour bien connaître les sauvages est de devenir en quelque sorte comme l'un d'entre eux ; et c'est en apprenant leur langue qu'on deviendra leur concitoyen »[7].

---

7. Une bonne partie de ce texte relève d'ailleurs d'une espèce de pré-ethno et socio-linguistique. Voir Copans et Jamin, 1994, pp. 81-83.

2. LANGUES, LANGAGE ET PENSÉE SAUVAGE

2.1 Le rôle de la linguistique

Pour bien saisir certains des développements les plus importants de l'ethnologie, il faut en effet examiner l'histoire de l'étude du langage et des langues.

L'invention de la linguistique moderne avec Ferdinand de Saussure (*Cours de Linguistique générale* de 1916) transforma profondément l'ethnologie et l'anthropologie dans la mesure où sa théorie permit par la suite l'élaboration de la phonologie et de la sémiologie (N. Troubetzkoy, R. Jakobson), de la syntaxe (L. Hjemslev, A. Martinet), etc. Cependant, ce sont les expériences de terrain et la volonté d'analyser avec précision les paroles, les traditions orales, les mythes des populations indigènes qui conduisirent les premiers praticiens de l'enquête de terrain comme F. Boas ou B. Malinowski (dans les années 1900-1920), ou M. Leenhardt et M. Griaule du côté français (dans les années 1920-1930) à devenir des linguistes compétents. La linguistique constitue ainsi l'une des quatre disciplines de base dans l'anthropologie américaine.

L'étude intensive des cultures amérindiennes a en effet suscité d'importantes hypothèses anthropolinguistiques. L'anthropologue Edward Sapir est avant tout un linguiste (1884-1939). Après avoir critiqué l'évolutionnisme, le diffusionnisme et le fonctionnalisme, il propose une théorie générale qui articule l'inconscient, la personnalité, la langue et la culture[8]. Ce « système formel immergé » impose ses règles et ses notions conceptuelles à l'ensemble des individus. Cette réflexion, menée au plan linguistique avec B. Whorf, débouche sur l'hypothèse dite « Sapir-Whorf », selon laquelle le comportement culturel des membres d'une société est déterminé par la langue qu'ils parlent. En démontrant que les catégories de sujet et d'objet, d'espace et de temps diffèrent d'une langue à l'autre, les linguistes admettent un relativisme quasi absolu qui multiplie les conceptions du monde et par conséquent les cultures en rapport avec la diversité linguistique. Ainsi, le Hopi (Indien d'Amérique) n'objective pas le temps en soi et c'est l'essence des êtres et des

---

8. Voir E. Sapir, *Anthropologie*, Paris, Éd. de Minuit, 1967 et B.L. Whorf, *Language, Thought and Reality*, New York, 1956. Lire également Cl. Lévi-Strauss (1958).

choses qui diffère selon le temps utilisé pour les qualifier : cette catégorisation linguistique se retrouverait ainsi dans les rituels de cette population. La langue devient ainsi un objet culturel à part entière puisqu'il est le lieu par excellence de repérage de l'authenticité culturelle. C'est à partir de cette époque qu'on peut parler de l'ethnolinguistique qui est la branche particulière de la discipline, qui s'attache d'une part aux langues « orales » et « ethnologiques » et qui valorise de l'autre les composants culturels d'une langue. Elle analyse les schémas culturels et mentaux à travers une sémantique ou une analyse des littératures orales ; elle compare les usages culturels et sociaux de la langue comme l'ethnologie le fait pour n'importe quelle institution ou pratique. Mais c'est chez Claude Lévi-Strauss que l'influence de la linguistique, et surtout celle de la phonologie structurale des années 1930, se fait le plus sentir. La fréquentation de Roman Jakobson (1896-1982) le conduit à privilégier l'analyse des relations sur les éléments, des structures sur le contenu dans le domaine social et culturel (1958).

2.2 La mythologie structuraliste de Lévi-Strauss

Dès le milieu des années 1940, Lévi-Strauss manifeste sa volonté d'interpréter la vie des sociétés et des cultures en termes de logique inconsciente. Certes, il est parfois difficile aujourd'hui de séparer cette perspective de celle de la méthode, à la fois analytique et explicative, dite structurale. Mais il est évident que les propriétés de ce qu'il va qualifier de « pensée sauvage » sont à la fois structurées et structurantes. Le primat des formes inconscientes vient de ce qu'elles fonctionnent comme un langage, donc comme une structure, mais aussi de ce qu'elles expriment un mode de lecture, voire de fabrication du monde. Cette vision, peut-être sommaire et métaphorique, du rôle de l'inconscient s'explique par la nature même de la réalité, institutionnelle (la parenté) ou matérielle (l'esthétique des objets), sur laquelle travaille l'anthropologue. Alors que Lévi-Strauss se penche, dès 1955, sur la structure des mythes, c'est l'analyse du phénomène totémique, et notamment la critique des théories victimes de l'« illusion » qu'il représente, qui vont le conduire à employer, en 1962, l'expression de « pensée sauvage ». Il l'emploie pour décrire le fonctionnement de la pensée à l'état brut, « naturel », « sauvage » en quelque sorte, telle qu'on peut l'observer même dans les sociétés où se développe une pensée scientifique, et non pour qualifier celle des peuples dits sauvages. Cette pensée est « rationnelle » : ses visées explicatives ont une portée scientifique. En effet, la pensée sauvage « codifie, c'est-à-dire classe rigoureusement en s'appuyant sur les oppositions et les contrastes, l'univers physique, la nature vivante et l'homme même tel qu'il s'exprime dans ses croyances et ses institutions. [Elle] trouve son principe dans une science du concret, une logique des qualités sensibles telle qu'on la trouve dans certaines activités comme le bricolage[9] ».

D'une certaine façon, les *Mythologiques*[10] ne sont que la longue et complexe vérification de l'hypothèse de la pensée sauvage, puisque « les mythes signifient l'esprit qui les élabore au moyen du monde dont il fait lui-même partie » (1964, p. 20). Les mythes ne représentent aucun sens premier, ni dans leur intrigue ni dans leur symbolique. C'est leur travail sur et dans la nature, ainsi que leurs rapports (« les mythes se pensent entre eux ») qui leur permettent de signifier. C'est donc ce renvoi et ce comparatisme de mythe (ou ensemble de mythes) à mythe qui constituent la matière première de l'anthropologue. Le point de départ est un mythe des Indiens bororo du Brésil central : le mythe M_1, dit de référence, des aras et du nid intitulé par Lévi-Strauss « Air du dénicheur d'oiseaux » ; le dernier, le M_{813}, 2 000 pages plus loin, est un mythe apinaye — ethnie appartenant au groupe linguistique gê de la région amazonienne. Entre les deux sont rapportés les mythes de plus d'une centaine de populations, depuis les Guarani du sud du Brésil, jusqu'aux Salish du nord-ouest du Canada.

La méthode de démonstration fonctionne à trois niveaux : celui d'un mythe donné, celui d'un ensemble de mythes voisins avec leurs variantes et enfin celui de tous les mythes possibles qui valident la logique structurale et binaire de la pensée sauvage grâce aux procédures d'opposition, d'homolo-

---

9. *Le Monde,* 14-15 juillet 1962.
10. L'œuvre centrale de Cl. Lévi-Strauss comporte quatre volumes, *Le Cru et le Cuit,* 1964, *Du miel aux cendres,* 1967, *L'Origine des manières de table,* 1968 et *L'Homme nu,* 1971 (Paris, Plon). Mais l'analyse des mythes est poursuivie ensuite dans de nombreux articles et dans quelques ouvrages : *La Voie des masques,* Paris, Skira, 1975 (puis Plon, 1979), *La Potière jalouse,* Paris, Plon, 1985.

gie, de symétrie, d'inversion ou encore d'équivalence. La première tâche est donc d'ordre ethnographique, puisqu'il faut reconnaître avec précision les catégories empiriques (cru, cuit, pourri, mouillé, brûlé, etc.) qui vont devenir autant d'outils conceptuels. Le comparatisme systématique, l'usage de signes logico-mathématiques (sous la forme d'équations, de transformations ou d'isomorphismes sur lesquels l'anthropologue a peu d'illusions) permettent d'identifier des *mythèmes* qui valident telle ou telle hypothèse particulière : les mythèmes sont les plus petits éléments du mythe, brefs exposés de la succession des événements dans la narration. Certes les mythes ne sont pas que des machines abstraites ; ils produisent bien un sens : l'origine de la cuisson des aliments, la raison de telle coutume matrimoniale, la place rituelle de telle ou telle espèce, etc. Ce sens n'apparaît pas à ceux qui produisent ou transmettent les mythes ; le travail de déconstruction d'une part, l'établissement de la chaîne référentielle des éléments mythiques et des mythes de l'autre ressortissent au savoir et au savoir-faire de l'anthropologue.

Mais l'anthropologue semble hésiter entre l'idéalisme le plus extrême et un matérialisme biologique. Le monde ne serait qu'un prétexte à penser et pour la pensée ; les lois de la structure prennent le pas sur l'histoire et la création de l'événement. L'esprit n'est pas reflet, il est contrainte. Mais c'est parce que le cerveau, aux lois biochimiques et binaires, est là. La conclusion de *L'Homme nu* rappelle que « l'analyse structurale […] ne peut émerger dans l'esprit que parce que son modèle est déjà dans le corps » (1971, p. 619).

Si les mythes sont devenus des objets, c'est bien parce que les objets sont eux aussi mythiques : « L'univers, la nature, l'homme […] n'auront […] rien fait d'autre qu'à la façon d'un vaste système mythologique, déployer les ressources de leur combinatoire avant de s'involuer et de s'anéantir dans l'évidence de leur caducité » (1971, p. 620). Cet antihumanisme désabusé se retrouve dans les réflexions consacrées au racisme, à la condition humaine, à la liberté : la lutte antiraciste peut conduire à négliger les particularismes et les sociétés partielles. Il serait bon de protéger « les longues habitudes », parce que les sociétés qu'étudie l'ethnologue « exposent, peut-être mieux que des sociétés plus complexes, les ressorts intimes de toute vie sociale et quelques-unes de ses conditions qu'on peut tenir pour essentielles » (1983, p. 381).

3. ACCULTURATIONS, SYNCRÉTISMES : DE NOUVELLES CULTURES ?

L'ethnologie se devait à ses débuts de nier le plus possible les effets des contacts avec d'autres cultures afin de construire en toute indépendance et en toute sûreté un objet primitif et autochtone. Mais la réalité des dominations politiques et économiques, des traites d'esclaves, des spoliations matérielles, des modifications démographiques et environnementales s'impose progressivement notamment sur les terrains nord-américains (les réserves où sont regroupés de force les Indiens) et africains (le découpage et la mise en valeur coloniale). Ainsi l'altérité s'installe dans l'altérité et devient à son tour objet de curiosité et d'analyse. Un double paradigme va s'instaurer : tout d'abord celui du changement comme progrès, comme passage de la tradition à la modernité. Le rôle des valeurs occidentales, du modèle politique étatique et démocratique (face à l'« anarchie » primitive ou « communiste »), de l'esprit d'entreprise constitue les prémisses de ce qu'on appellera après la Seconde Guerre mondiale le développement et la modernisation. Fort heureusement, la très grande majorité des ethnologues se tient loin de cette conception du monde (par mauvaise conscience, par penchant passéiste) : en fait le néo-évolutionnisme américain est plutôt idéologiquement de gauche et critique le colonialisme ou l'impérialisme. L'autre perspective est plus complexe. Il y a d'abord le changement fonctionnaliste à la Malinowski qui invente une société du troisième type, entre tradition et modernité, qui est celle de la transition. Il y a ensuite ceux qui pensent qu'une modernité spécifique prend forme : la détribalisation urbaine et industrielle n'est pas un phénomène pathologique mais une réinvention sociale et culturelle[11].

S'inspirant à la fois de la sociologie de la modernisation et de l'anthropologie sociale et culturelle, Georges Balandier va mettre en lumière, au tournant des années 1950, la nature dynamique et contradictoire de la situation coloniale. Il en tirera même une conclusion méthodologique pertinente (bien

---

11. Voir M. Gluckman, « Tribalism in modern British Central Africa », *Cahiers d'études africaines*, 1, 1960, pp. 55-70 ; C. Rossetti, « B. Malinowski, The sociology of "Modern Problems", in Africa and the "Colonial Situation" », *Cahiers d'études africaines*, 100, 1985, pp. 477-503.

que fort critiquée par la suite pour des raisons tant empiriques que théoriques), à savoir que le changement et le contact révèlent les points forts et les points faibles des rapports sociaux anciens. Plus efficacement, le sociologue s'attache aux mouvements syncrétiques et messianiques, au contenu à la fois religieux et politique (1955). D'ailleurs tout un courant de l'anthropologie a vu dans ces manifestations ou résurgences comme un mouvement social et une expression politique.

L'étude des cultes du cargo[12], des prophétismes africains, des nouvelles identités religieuses (sectes protestantes, mobilisations communalistes en Inde, islamismes actuels) a permis à l'ethnologie religieuse de se politiser et de s'historiciser. L'étude du changement a débouché sur de nouveaux objets (Églises, prophètes, mouvements politiques ou identitaires), sur de nouvelles dimensions (l'État-nation, l'influence internationale des religions, les conflits politico-religieux) qui nécessitent de repenser les notions de croyance, de dieu, de communauté de fidèles et même de symbole. Les notions de culture dominante, de métissage international transforment les particularités culturelles d'abord en niant leur pertinence ou leur utilité puis en les instrumentalisant au plan politique. Les cultures autochtones deviennent populaires, les mécanismes de leur perpétuation se vulgarisent, s'abâtardissent et s'oublient. Face aux messages de l'audiovisuel, les traditions orales se figent ou se réinventent de nouveaux passés identitaires. Enfin, la translation des champs politiques au seul niveau de l'institution de l'État interdit la mutation démocratique de cultures politiques dispersées, localisées et bien trop nombreuses.

Seules les Églises semblent conserver un semblant d'initiative. L'interrogation, ne serait-ce que théologique, sur les possibilités d'inculturation (une adaptation limitée et raisonnée des messages et pratiques chrétiens aux cultures et langues locales) confirmerait superficiellement que le sens des cultures peut être pris en considération. Mais si le Vatican veille sur ce chapitre, que dire des trusts de l'industrie musicale, des promoteurs de concerts en mal de ressources culturelles occidentales inédites, qui viennent

---

12. P. Worsley, « Les mouvements millénaristes de Mélanésie », in J. Middleton, *op. cit.*, pp. 167-180. M. Kilani, *Les Cultes du cargo mélanésiens. Mythe et rationalité en anthropologie*, Lausanne, Le Forum anthropologique, Éditions d'en bas, 1983.

d'inventer la World-Music et vendent du son mandingue, indien, zulu ou encore kanak pour la plus grande gloire d'une soi-disant authenticité culturelle. La cuisine, le vêtement, le meuble même sont devenus « ethniques ». Bref la réinvention des cultures traditionnelles n'a plus aucun rapport avec la créativité culturelle et symbolique autochtone. N'observe-t-on pas aujourd'hui des rituels sioux ou zuni sur la scène de théâtres parisiens ? Le filmage en direct des vies quotidiennes et des cultures exotiques semble même annoncer la mort de l'ethnologie et par conséquent la disparition de ceux dont elle avait fait son objet. Mais s'agit-il bien de cultures dans ce cas ? Ne faut-il pas y réfléchir à deux fois avant de valoriser ou de disqualifier les nouvelles formes de culture qui s'offrent à nos regards et à nos rencontres ? Ne s'agit-il pas d'une illusion qui relirait le présent avec des instruments un peu dépassés du passé ?

Car les symboles semblent avoir rompu avec les terreaux culturels qui les faisaient vivre. Le paradoxe de la mode de l'anthropologie symbolique est bien là : fournir une armature symbolique au déroulement de la banalité de la vie en société au moment même où les fils qui les retenaient se déchirent. L'histoire propose une multiplicité de sens aux aguets dans le désordre symbolique, fabriqué volontairement ou involontairement, qui nous entoure. L'anthropologie, malgré sa fascination permanente pour les cultures d'appellation contrôlée, doit néanmoins relever le défi de la modernité irréversible de ses terrains actuels sous peine de ne plus rien comprendre à la nature intrinsèque de toutes les cultures.

RENOUVELLEMENTS ET/OU MUTATIONS ?

Ce dernier chapitre remplit plusieurs fonctions. Il se veut tout d'abord une suite et fin du panorama des thématiques et sous-spécialisations de la discipline. Suivant la nature géographique et sociale des terrains, exotiques, du tiers-monde, « folkloriques » et modernes de l'Occident, la préoccupation de la modernisation, du contemporain et de la modernité a suscité des approches nouvelles et des problématiques adaptées et spécifiques. Le champ mondial de la discipline manifeste la permanence d'une interrogation sur l'altérité, sur la différence des identités et les identités de la différence. Mais la distinction fondatrice de la discipline, celle qui oppose le proche et le lointain, semble remise en cause. Reste à savoir si cette remise en cause concerne une partie seulement de l'ethnologie et de l'anthropologie (l'objet ou bien la théorie ou bien la méthode) ou si elle touche le cœur même de la discipline, fruit des logiques historiques anciennes qui ont formé sa tradition et son projet.

C'est pourquoi il faut ensuite se demander si l'anthropologie est bien une science sociale comme les autres, c'est-à-dire soumise aux mêmes contraintes de la fabrication professionnelle et institutionnelle. Car ce sont ces critères qui font réellement une science et non ses seules qualités de rigueur intellectuelle, d'adéquation au réel, de production de la vérité ou du moins d'une vérité. Il faut en effet essayer de répondre à la question : « À quoi servent l'ethnologie et l'anthropologie ? » et examiner dans quelles conditions ces sciences ont réagi aux différents contextes sociaux, politiques, culturels et scientifiques qui les déterminent. Les profondes mutations (les interrelations de plus en plus prégnantes) qu'ont connues l'ensemble des sociétés depuis plus d'un siècle pourraient en effet avoir détruit irrémédiablement, par un biais ou un autre, les conditions de toute anthropologie. Conçue à ses origines comme un regard éloigné (Lévi-Strauss, 1983), reconduite dans cette fonction de distanciation même au sein de sa propre société, sous la forme d'une anthropologie partagée et de proximité[1], l'anthropologie semble toujours aller de soi. On conçoit sans peine le poids des traditions, des pesanteurs idéologiques, des intérêts privés qui poussent à la préservation des acquis. Mais au-delà de cette sociologie ou ethnologie de l'anthropologie, il faut évaluer les choix opérés par les chercheurs eux-mêmes et décider si oui ou non, l'ethnologie et l'anthropologie ont bien une identité propre, une originalité scientifique qui feraient que l'actualisation ou l'adaptation (forcée) du projet soient plutôt une dynamique intrinsèque et non pas un opportunisme paresseux (« *L'Autre : le Retour* 1, 2, 3 »).

1. DE LA MODERNISATION DES AUTRES À LA MODERNITÉ DE SOI

1.1 L'acculturation coloniale

L'objet premier de l'ethnologie, la société primitive, portait la marque d'un péché originel : l'idée de la permanence d'un état, de la survivance optimale d'une tradition. La reconstitution de cette dernière faisait plus ou moins abstraction de certains types de changements : soit l'évolution était interne, soit elle était externe. Dans le premier cas, il était possible de distinguer les partisans d'une évolution unilinéaire (avec possibilité de diffusion de certains éléments du modèle) de ceux qui théorisaient une évolution multilinéaire. D'un côté les primitifs n'étaient que les témoins contemporains de nos ancêtres, de l'autre ils étaient les acteurs d'une histoire « froide » et non pas « chaude »[2]. Mais le caractère hypothétique, préhistorique et historique, de ces hypothèses, occultait la place et le rôle des évolutions et changements contemporains. C'est pourquoi on parle d'un « présent ethnographique » qui représente l'évolution sur un très long terme, d'une manière insensible, et fait abstraction de l'histoire moderne, conçue comme une intrusion extérieure ou la preuve d'une dynamique globale inédite. Ces dernières situations permet-

---

1. Mais une question reste toujours posée : peut-on faire l'anthropologie de tout et de n'importe quoi ?
2. Expression reprise à Cl. Lévi-Strauss, *Race et Histoire*, Paris, UNESCO, 1952 (1973). Cette étude est republiée dans *Anthropologie structurale deux* (1973).

tent de réinventer la tradition, c'est-à-dire d'adapter ce qu'on connaît ou ce qu'on retient du passé pour le mettre en conformité en quelque sorte avec les nouvelles règles ou les nouvelles formulations des règles précédentes.

Dès les années 1920, les anthropologies sociales et culturelles, l'ethnologie française, se posent la question des transformations qui affectent les populations indigènes dans les contextes coloniaux ou même nationaux (les Indiens des réserves aux États-Unis). Certes les travaux existants avaient déjà porté le témoignage, souvent involontaire, des changements en cours : la relecture permanente des études de la fin du XIXe siècle est indispensable à qui veut comprendre l'ancienneté des changements et des acculturations. Mais il manquait encore des perspectives théoriques capables de donner une place, même très secondaire, à l'observation et à l'analyse de ces phénomènes. Il n'était absolument pas évident que la christianisation, l'usage de l'argent, le salariat, la migration, l'alcoolisme ou la scolarisation et l'apprentissage de l'écriture deviennent des objets « naturels » de l'ethnologie. Au contraire, le réflexe premier était de faire comme si ces phénomènes n'existaient pas, étaient sans importance ou comme si, au contraire, ils ne pouvaient que dégrader véritablement le sens profond des cultures « primitives ». Cependant il était possible de concevoir ces dernières comme des totalités fonctionnelles (Malinowski) ou morphologiques (Mauss) donc de les considérer avec respect et sérieux afin de prouver qu'il s'agissait bien de sociétés **comme les autres**. Le refus de considérer les altérations pouvait ainsi partir d'un bon sentiment, celui du relativisme social et culturel.

Les années 1920 sont donc des années de maturation, notamment d'une demande sociale d'ordre colonial dans les empires et d'ordre administratif (le secteur social proprement dit) aux États-Unis. La volonté d'appliquer l'ethnologie à l'élucidation de problèmes pratiques explique aussi ce détour par de nouveaux terrains. Dès 1920 par exemple, l'administration australienne en Papouasie y avait nommé un anthropologue dit « de gouvernement ». La fondation de l'Institut africain international (à Londres) en 1926 (avec de l'argent des fondations américaines Rockefeller et Carnegie) va beaucoup faire pour officialiser ce point de vue, y compris chez les anthropologues eux-mêmes. En 1937, le Royal Anthropological Institute se propose « d'étudier les problèmes du contact culturel et de l'application du savoir anthropologique à l'administration des races sujettes de l'empire ». Les années 1940 et 1950 voient la publication de nombreuses recherches qui portent sur le monde colonial et moderne où évoluent les travailleurs africains et leurs familles[3].

Une telle évolution a également eu lieu aux États-Unis : l'anthropologie appliquée explique l'étude de Margaret Mead (pourtant déjà réputée pour ses travaux océanistes) sur la réserve des Indiens antlers de la vallée du Mississippi où, en 1930, elle analyse la place de la femme, l'alcoolisme, les enfants illégitimes et ce qu'elle appelle le « malajustement ». En 1936, R. Redfield, R. Linton et M. Herskovits publient un mémorandum pour l'étude de l'acculturation. Le changement porte autant sur la forme, le sens que la fonction. Il reflète autant une désorganisation qu'une innovation. Ces idées seront reprises et adoptées par Georges Balandier à partir des années 1950 à propos des situations coloniales et de dépendance. Les exemples des sociétés des colonies du Gabon et du Congo lui servent à démontrer la globalité de l'expérience du changement social qui doit être expliqué en tenant compte à la fois de la domination coloniale et de la société blanche (1955). Michel Leiris expliquait de son côté la même chose : « Si nous voulons être objectifs, nous devons considérer ces sociétés dans leur état *réel* — c'est-à-dire dans leur état actuel de sociétés subissant à quelque degré l'emprise économique, politique et culturelle européenne — et non pas en nous référant à l'idée de je ne sais quelle intégrité... » (1969, p. 87 ; texte original paru en 1950).

1.2 Le changement social de la modernité

Les années 1950-1960, qui sont celles des luttes politiques et nationalistes pour l'indépendance dans les colonies, mettent de plus en plus l'étude de la modernisation, comme phénomène volontaire et dirigé, à l'ordre du jour : le changement ne serait plus subi mais voulu. Ainsi en une ou deux générations (suivant la date de début), l'ethnologie et l'anthropologie ont élargi leurs préoccupations : à la fois dans l'explication des mécanismes internes qui « interprètent » et dynamisent les forces du changement et dans celle des

---

3. Voir les exemples analysés par A. Kuper, *Anthropologists and Anthropology - The British School, 1922-1972*, Londres, Allen Lane, 1973 ; et T. Asad (ed.), *Anthropology and the Colonial Encounter*, Londres, Ithaca Press, 1973.

contextes ou situations plus larges, politiques, économiques, administratives qui les influencent et les mettent en rapport avec d'autres groupes, d'autres sociétés aux structures éventuellement très différentes.

L'acculturation, le changement social, la situation coloniale, la domination politique et économique introduisent d'autres transformations dans la discipline. D'une approche qui relativise l'authenticité culturelle, qui déconstruit l'homogénéité des contraintes, qui élargit le champ du fonctionnement d'une société primitive, tribale ou même paysanne[4], on passe à une analyse qui traite l'agent du contact comme un objet anthropologique à part entière, et même qui finit par privilégier le tout sur l'une des parties. Les villes ouvrières et de migration (en fait les centres miniers d'Afrique centrale), les formes d'association (celles qui regroupent les originaires d'une même région ou d'une même population, les syndicats), les modes d'expression politique et religieux, le genre de vie des « évolués », les nouvelles formes de la famille et de l'éducation constituent les entrées thématiques d'une vaste bibliographie. La détribalisation, la retribalisation et plus tard la reprise d'initiative, les migrations, les guerres paysannes, les nouvelles stratifications sociales et de classe, l'ethnicité ouvrent tout grand le champ politique national et même international.

Dès 1968, la grande spécialiste américaine de la parenté Kathleen Gough se proposait d'étudier l'impérialisme. Car « [s'] il est vrai que les anthropologues ont fait de nombreuses études sur le changement social moderne au sein des sociétés pré-industrielles et surtout des communautés villageoises…, le plus souvent ils les ont conçues avec les concepts très généraux de « contact culturel », d'« acculturation », de « changement social », de « modernisation », d'« urbanisation », d'« occidentalisation » ou de « continuum » folk-urbain. La violence, la souffrance et l'exploitation tendent à disparaître de ces analyses de processus structuraux et les unités d'études sont habituellement si petites qu'il est difficile de prendre l'arbre pour la forêt ». En 1981, June Nash va même jusqu'à rédiger une synthèse sous le titre « Les aspects ethnographiques du système capitaliste mondial ».

---

4. L'anthropologie de la paysannerie, élaborée notamment à la suite des distinctions introduites par R. Redfield entre folk et urbain, se développe comme une forme modernisée de l'anthropologie américaine. Voir par exemple *The Little Community* et *Peasant Society and Culture*, Chicago, The University of Chicago Press, 1956.

La crise de l'État, la violence ethnique, le tourisme international, les droits de l'Homme, les réfugiés, les cultures internationales deviennent par la suite autant d'exemples de thèmes qui confirment que l'anthropologie de la modernité politique la plus brûlante est un secteur à part entière de la discipline. Le désordre mondial dans sa relation entre le global et le local, dans sa refabrication des cultures et sa définition perverse des relations entre normes et pratiques, est un objet en soi. *A priori* sa taille et sa globalité n'ont rien d'ethnologique. Mais les points de départ et d'arrivée le sont certainement. L'anthropologue américain Arjun Appadurai évoque une anthropologie transnationale qui étudie les ethnopaysages globaux ; il prolonge ainsi une anthropologie des formes cosmopolites de toute culture (1991).

1.3 Du folklore à l'ethnologie de la France moderne

Mais n'y aurait-il pas un autre ailleurs, un ailleurs provenant de notre propre passé, des traditions et des survivances de catégories sociales et culturelles anciennes, marginalisées par la modernisation et revalorisées par la recherche de l'authenticité d'un retour aux « terroirs d'antan » ? L'autre grande ressource de l'ethnologie est en effet le résultat d'une autre forme de modernisation, celle des études folkloristiques des cultures européennes du XIXe siècle devenues d'abord arts et traditions populaires dans les années 1930-1960 et ensuite objets d'une préoccupation patrimoniale à partir des années 1980, du moins en France. Toutefois, parallèlement à cette relecture ethnologique de notre histoire culturelle, s'est opéré un second décentrement (tout comme pour l'ethnologie du primitif, notons-le) avec le développement d'une anthropologie de la modernité occidentale elle-même. Certes les Américains font cela depuis les origines mêmes de la recherche empirique en sciences sociales des années 1920-1930 : l'école dite de Chicago en sociologie urbaine est bien anthropologique dans certains de ses principes de base et faut-il rappeler que la création en 1940 (déjà !) de l'Association d'anthropologie appliquée (américaine) avait été suscitée par les recherches en anthropologie des entreprises industrielles et non pas, comme cela aurait pu se produire en Europe, autour des études appliquées au développement (d'abord colonial puis post-colonial).

Martine Ségalen nous rappelle d'ailleurs que « L'histoire des écoles ethnologiques et anthropologiques s'intéressant aux sociétés européennes varie sensiblement d'un pays à l'autre » (1989, p. 9). La France serait influencée à la fois par l'étude du folklore et des sociétés exotiques alors que les Britanniques ont refusé de reconnaître la diversité culturelle de leur propre histoire. Par contre, les pays sans tradition coloniale (Europe du Nord puis de l'Est) auraient favorisé au début les études folkloriques, mais les grandes mutations théoriques des années 1970 ont conduit à les recomposer sous le qualificatif d'ethnologie. Il faut remonter au XVIIIe siècle, avec les mouvements préromantiques puis au XIXe siècle, avec les mouvements romantiques et nationalistes, pour trouver les origines de la préoccupation de collecte des coutumes, des croyances, des superstitions, des rituels, des traditions et de la littérature orale à la fois populaire et rurale. La recherche de l'âme d'un peuple explique par exemple les recherches célèbres des frères Grimm dans les années 1800-1820. C'est en 1846 que W.S. Thoms invente le terme de folklore, « savoir du peuple ».

En France, dès 1804, l'Académie celtique s'est penchée sur ces réalités afin de dévaloriser le passé mythique, celte, franc, gaulois de la nation française et d'éclairer l'irrationalité de ces survivances. Le XIXe siècle est marqué par de nombreuses collectes systématiques aussi exhaustives que possible. L'un des meilleurs exemples est l'œuvre de Paul Sebillot (1843-1918), qui classe 15 000 faits dans le *Folklore de France* publié en 1904. Mais c'est A. Van Gennep (1873-1957) qui va introduire le premier une rigueur plus scientifique grâce à une perspective sociologique des groupes populaires. Toutefois il privilégie nettement le milieu rural et ne s'intéresse qu'aux survivances repérables en milieu urbain et industriel. C'est surtout sa méthode qui vise à expliquer les phénomènes en relation les uns avec les autres qui permet de dépasser la vision accumulative des folkloristes. Il propose d'ailleurs une théorie générale des rites de passage dont il examine les séquences cérémonielles. Paradoxalement, Van Gennep considère que l'ethnologie n'est en rien concernée puisqu'elle étudie des peuples « sauvages » et « demi-civilisés » et il critique, à juste titre, Durkheim et Mauss pour le fait qu'ils se contentent d'informations de seconde main. En 1937 est créé un département des arts et traditions populaires au musée de l'Homme dirigé par G.H. Rivière, mais ce n'est véritablement qu'après 1945 (comme pour l'ethnologie « exotique »)

que l'ethnologie de la France prend son essor grâce à une reformulation heureuse des études folkloriques et populaires sous l'influence des théories ethnologiques proprement dites.

Cette première période est marquée par des études de terrain à caractère monographique qui privilégient souvent une région culturelle bien typée (Aubrac, Bretagne). Pendant les années 1960, tous les courants importants de la discipline se retrouvent autour de cet engouement français, y compris le Laboratoire d'anthropologie sociale dirigé par Claude Lévi-Strauss. La sociologie avec Pierre Bourdieu, l'histoire avec Emmanuel Leroy-Ladurie participent de ce mouvement général. Cette lente réintégration de l'ethnologie de la France dans l'ethnologie et l'anthropologie tout court suscite de nombreux débats sur les objets réels de la discipline et sur ses frontières. Néanmoins des chercheurs font l'expérience des deux terrains ; la création de la Mission du Patrimoine ethnologique et d'une revue des plus dynamiques, *Terrain*, suscite de nombreuses recherches à partir de 1980 autour de thématiques à la fois classiques et actuelles. Les échanges de méthodes et de problématiques, le rapprochement des objets et des sociétés démultiplient les possibilités de comparaison : il n'y a plus de fausse coupure entre la tradition et la modernité, entre le primitif et le rural. Mais il est certain que cette « modernisation » de l'ethnologie de la France a eu lieu parce que l'anthropologie en général y a vu son intérêt et qu'elle a perçu, au travers de sa propre évolution et de ses préoccupations, la possibilité de comparaisons significatives.

La ville est notamment l'objet d'un investissement considérable et qui prend peut-être le relais d'une sociologie qui n'a pas pu saisir toutes les contradictions, toutes les dynamiques de l'urbanisation des années 1960-1970 (expansion des banlieues, réhabilitation des centres). L'étude d'une cage d'escalier d'HLM, les usages symboliques de la population d'un vieux quartier central appelé à disparaître, la nature de la flânerie urbaine, les liens entre pratiques au travail et projets résidentiels, le travail au noir, la culture syndicale, sont autant d'objets de recherches qui confirment que la méthode et la perspective anthropologiques sont bien utiles pour comprendre l'intimité de notre monde moderne. Le second thème était déjà présent en filigrane dans la mesure où il désignait l'existence de « minorités » sociales ou culturelles. Pendant longtemps, les Tsiganes, petite société prétendument close et étrangère, constituèrent l'étude de cas par excellence. Puis ce furent les bandes de jeunes, des banlieues notamment, bandes plus ou moins délinquantes. Par contiguïté, on passa aux pauvres des cités d'urgence et enfin aux nouvelles minorités dites ethnoculturelles qui s'installent et se reconstituent chez nous. L'ethnicité, produit typique de l'urbanisation et d'une société pluriculturelle, devient un objet métropolitain. L'expérience africaine permet d'analyser la polygamie en France (Fainzang et Journet, 1988) ou le rôle des guérisseurs, astrologues et autres « marabouts ». Dans le premier cas, on élargissait la notion de patrimoine aux traditions et réalités de la société industrielle du XIXᵉ siècle et, dans le second, c'est l'altérité au sein même de nos cultures (altérité par essence, par importation ou par ressemblance) qui mobilise, de façon réflexe pourrait-on dire, l'ethnologue. Mais, comme nous le rappelle G. Althabe lui-même, cette perspective de singularisation est une impasse : il faut plutôt se pencher sur la manière dont se sont produites ces catégorisations ethnoculturelles. L'ethnologie de la France ainsi entendue n'est pas simplement une actualisation thématique, elle est également un renouvellement problématique en phase avec les évolutions les plus récentes de l'ethnologie dite exotique (1992).

C'est toute la vie sociale qu'arpente cette nouvelle ethnologie : depuis la culture alcoolique des dockers du Havre, les usages du congélateur ou du déménagement, en passant par les apparitions de la Vierge… ou de Claude François, l'ethnologie semble faire flèche de tout bois. Enfin des phénomènes de large ampleur mobilisent la méthode de l'observation ethnologique. C'est ainsi que les activités fort populaires du sport, le rugby et le football, ont été récemment l'objet d'analyses qui permettent de comprendre l'ensemble des facteurs collectifs, individuels, des identités sociales et culturelles qui s'affichent dans des passions partisanes qu'on prend trop souvent à la légère (Darbon, 1994 ; Bromberger, 1995). Bref, il ne serait pas possible de faire plus moderne que l'ethnologie !

2. L'ANTHROPOLOGIE, UNE SCIENCE SOCIALE COMME LES AUTRES ?

Cette question mérite d'être posée parce que l'ethnologie et l'anthropologie véhiculent encore, même lorsqu'elles s'attachent à nos propres cultures, quelques relents d'exotisme voire de passéisme.

2.1 Application et demande sociale

Cette « normalisation » ou banalisation de l'ethnologie en France a plusieurs conséquences. Elle interdit tout d'abord à la discipline de se prévaloir, au plan des méthodes, des techniques et des objets, d'une espèce de privilège « extraterritorial ». Son projet est soumis aux mêmes demandes sociales, aux mêmes principes d'intelligibilité, aux mêmes procédures d'administration de la preuve. L'époque du « Moi je » hyperpersonnalisé, témoin unique et impuni pour l'éternité, source d'un ego aventurier d'abord, philosophico-littéraire ensuite, est passée. Après les exploits des fondateurs, la routine normalisée de la masse des chercheurs plus anonymes. Cette sociologie du milieu, de ses manières de faire de la science, ramène la discipline à de plus justes dimensions. Mais ce faisant, **elle devient comme les autres** et l'on ne peut plus faire comme si elle n'existait pas, parce qu'elle s'occuperait de phénomènes par trop particuliers ou originaux : l'origine des cultures humaines, des sociétés aux structures authentiques, ou encore la pensée sauvage propre à toute l'humanité.

L'ethnologie et l'anthropologie ont toujours été dans le temps de l'histoire mondiale, même si elles ne se sont pas toujours conformées à ce qu'on attendait d'elles. En ce sens, elles connaissent depuis fort longtemps le rôle et le poids des demandes sociales. L'univers administratif des politiques coloniales, des réserves indigènes, puis des politiques de développement ou d'aide sociale et culturelle, constitue le pain quotidien de l'ethnologie depuis un bon siècle. Les questions de l'application et de l'utilité sociale (y compris sous la forme morale d'un projet pour civiliser les « sauvages » et les indigènes désobéissants) font partie de son épistémologie. D'une certaine façon, l'ethnologie a profondément intériorisé cette socialisation dans la mesure où elle a su lier son projet d'observation à une volonté de préservation physique de son objet d'étude, ce que la sociologie n'a jamais suggéré, que je sache.

L'anthropologie d'urgence est une des puissantes motivations de la pérennité de la discipline. Un des premiers débats a d'ailleurs porté sur la définition exacte de la culture traditionnelle dans la mesure où officiellement le paternalisme administratif et colonial cherchait à protéger les indigènes des tentations du changement (l'une d'entre elles étant la revendication des « fruits » de la civilisation, y compris au plan politique !) alors que certains anthropologues suggéraient de façon plus réaliste de modérer cette revendication. Dans les années 1970, c'est la lutte contre l'ethnocide, le génocide des peuples et des cultures, qui prend le dessus. Là encore, des divisions se font jour chez les anthropologues entre ceux qui dénoncent l'impérialisme ou la paix blanche[5] et ceux qui insistent sur la cohérence des cultures et des genres de vie. Le sauvage devient « à la mode » et il est indéniable qu'un certain rousseauisme accompagne encore le message anthropologique au plan scientifique comme au plan plus pratique des organisations pour les peuples indigènes. Mais cette utilité vient de la tradition même de la discipline et non pas d'une instance publique ou caritative. Certes l'anthropologue peut devenir comme le sociologue, une espèce de conseiller du prince, mais son interlocuteur premier est plutôt une société sans État (sans prince donc) dont il veut tout simplement défendre le droit à l'existence et à la subsistance (terrains de chasse et de pêche, protection contre les contacts trop brutaux et mortels porteurs d'épidémies ou annonciateurs de massacres). Ce qui a commencé comme un réflexe professionnel d'expert se poursuit comme une action politique d'un citoyen éclairé du monde. Aujourd'hui les anthropologues ont d'ailleurs transformé les mouvements de revendication indigénistes en objet d'études et leur identification *a priori* à la cause des cultures en voie de disparition est plus réfléchie. Ces mouvements apparaissent en effet soumis aux logiques classiques du pouvoir ou d'intérêts particuliers : il serait par conséquent naïf de croire que les chefs et les leaders représentent objectivement et abstraitement leur culture d'origine, d'autant que leurs interlocuteurs étatiques ou mêmes internationaux réussissent à les coopter, à les corrompre et à les neutraliser[6].

Mais cette forme ultime de désacralisation (les sociétés primitives modernisées ne sont finalement que des sociétés comme les autres en proie à des luttes d'intérêt et aux enjeux « nationaux » ou « multinationaux ») se retrouve aussi chez nous, pour les ethnologues du patrimoine. Le sauvetage muséographique, la « remise en état » des fêtes, des métiers ou des sociabilités dites

---

5. Voir par exemple J. Copans (textes choisis et présentés par), *Anthropologie et Impérialisme*, Paris, F. Maspero, 1975 ; et R. Jaulin, *La Paix blanche. Introduction à l'ethnocide*, Paris, Le Seuil, 1970.
6. Voir les numéros de la revue *Ethnies*, éditée par Survival International (voir Annexe) ainsi que E. Young (1995).

anciennes peuvent transformer, si ce n'est déjà fait, l'ethnologie en une œuvre philanthropique à l'idéologie néo-conservatrice. Conserver de manière active (sinon interactive) les objets, les façons de faire et de vivre, les modes de vie disparus ou en voie de disparition (l'univers industriel et minier par exemple) est un projet honorable qui ne se discute pas. Mais un pilotage subtil des recherches par associations ou leaders culturels interposés peut conduire l'ethnologie d'ici dans la même impasse que l'ethnologie de l'ailleurs si elle refuse de soumettre ces réinventions ou revendications politiques et culturelles à la perspicacité analytique et méthodologique de la discipline.

Aujourd'hui, la demande sociale elle-même fait partie des objets d'observation, non seulement parce qu'elle existe et qu'à ce titre elle est d'emblée objet de connaissance, mais aussi et surtout parce qu'elle est interne à la représentation et reproduction de la réalité sociale et culturelle elle-même. Cette « participation observante » est au principe même de la socio-anthropologie du changement social et du développement. Celui-ci « en effet fait intervenir de multiples acteurs sociaux, du côté des "groupes-cibles" comme du côté des institutions de développement. Leur statuts professionnels, leurs normes d'action, leurs compétences, leurs ressources cognitives et symboliques, leurs stratégies diffèrent considérablement. Le développement "sur le terrain", c'est la résultante de ces multiples interactions... » J.-P. Olivier de Sardan remarque d'ailleurs qu'il est possible d'élargir sous certaines réserves son propos initialement africaniste : « Par exemple, en France, le développement agricole, le développement local, le développement social des quartiers, le développement culturel, constituent autant de thèmes et de domaines où des politiques de changement volontaristes dirigées vers "la base" et "pour son bien" produisent sans cesse des interactions entre intervenants et populations-cibles » (1995a, pp. 11 et 22).

Cette perspective rejoint sur certains points la tradition plus utilitariste de l'anthropologie anglo-saxonne de l'organisation qui traite dans un même cadre (pour prendre un exemple récent) la gestion indigène et ethnique, les problèmes de genre et de changement organisationnel, l'amélioration de la prise de conscience et du pouvoir des clients et des consommateurs. S. Wright reconnaît que la culture dans les organisations est un enjeu de pouvoir, d'intercompréhension (la fameuse négociation des discours des groupes sociaux) et qu'il ne s'agit en aucun cas d'une notion consensuelle (1994). Au moment où la sociologie de l'organisation, colonne vertébrale pendant vingt ans de certains grands courants de la sociologie française, se transforme en sociologie de l'entreprise, il est significatif de noter l'apparition timide mais efficace d'une anthropologie qui se donne pour objet les institutions et organisations du développement et qui préfigure peut-être une anthropologie plus générale des organisations ou de l'organisation[7].

2.2 L'anthropologie visuelle

Il est un dernier domaine où les réalisations et réflexions de ce dernier quart de siècle ont contribué à un certain renouvellement ou du moins déclenché des processus qui, à terme, peuvent remettre en cause l'existence même de la discipline. En effet, l'écriture, les modes de description, d'explication et de démonstration ont changé depuis le début du siècle. Cette évidence intellectuelle, culturelle et historique mérite d'être examinée de plus près. Le premier moyen de ce retour sur soi est le cinéma ethnologique. Certes celui-ci est aussi ancien que la discipline elle-même[8], mais aujourd'hui le cinéma partage jusqu'à un certain point les problématiques d'observation et de distanciation, de critique de l'objectivation, de reproduction du réel qui sont celles de la discipline elle-même. L'amélioration des techniques après 1945 permet à l'ethnologue d'intégrer le cinéma à sa recherche. C'est ce que déclarait Jean Rouch en 1968 : « Un film est ethnographique quand il allie la rigueur de l'enquête scientifique à l'art de l'exposé cinématographique ». Ainsi on

---

7. N'oublions pas que la revue de l'Association (américaine) d'anthropologie appliquée s'appelle *Human Organization* !
8. Dès 1893, le docteur Félix Regnault utilise la chronophotographie pour enregistrer les comportements élémentaires dans différentes ethnies. Il ira jusqu'à écrire en 1912 : « Quand on possédera un nombre suffisant de films on pourra, par leur comparaison, concevoir des idées générales ; l'ethnologie naîtra de l'ethnophotographie. » Lors de l'expédition de 1898 aux îles du détroit de Torrès, A.C. Haddon réalise les premiers films de terrain avec une caméra Lumière. Après la Première Guerre mondiale, le Soviétique Dziga Vertov et l'Américain Robert Flaherty explorent les deux grandes voies de ce que deviendra le cinéma ethnologique : le documentaire ce montage et la mise en scène du réel. *Nanouk l'Esquimau* (1919-1922) de Flaherty est ainsi une véritable dramatisation de la vie dans le Grand Nord.

trouve aussi bien la conception d'inventaire total, d'enregistrement massif de la vie sociale (J. Marshall pour les Boschiman et T. Asch chez les Yanomami), qui fait fonction de conservatoire culturel, que le « cinéma direct » ou « vérité », où le point de vue des personnes filmées occupe une très large place. Regards comparés, regards partagés permettent au cinéma ethnologique de se transformer en un moyen d'expression, d'auto-interprétation culturelle. En donnant plus facilement en quelque sorte la « parole » aux objets de ses terrains, le cinéma ethnologique a prouvé les limites de l'objectivité prétendument scientifique[9].

Mais la question de la maîtrise de la technique et donc des financements, c'est-à-dire en fin de compte des publics, joue un rôle plus ou moins inhibiteur. L'œuvre filmique est loin d'être un équivalent écrit, même si la volonté des anthropologues de réfléchir sur leurs objets et sur leurs pratiques se trouve confrontée à des publics inhabituels (celui qui est filmé d'une part, celui qui consomme ces films comme les autres d'autre part et non comme des collègues, des étudiants ou des experts).

Ces multiples interrogations sur l'écran et dans les livres n'ont pas eu l'impact qu'elles promettaient parce que le film ethnologique reste encore un produit très spécialisé. Il est intégré à la formation courante des ethnologues et anthropologues dans le monde anglo-saxon mais en France, malgré une tradition réputée (Jean Rouch), le cinéma reste une préoccupation marginale, assimilée de plus en plus à une production télévisuelle puisque c'est sur le petit écran qu'on risque de voir le plus facilement, bien qu'épisodiquement, des films ethnologiques dont le statut spécifique n'apparaît pas toujours clairement. Le documentaire, le reportage, l'enquête-vidéo peuvent certes produire des effets d'autoréflexion aussi efficaces, mais la réintroduction de ces derniers dans l'image (et non par le seul biais d'un commentaire subtil et ethnologique) hésite entre la bonne action, le cliché ou tout simplement la répétition du tournage. Enfin les gens peuvent refuser leur propre image ou au contraire trouver des arguments concrets, parce qu'imagés, à un sentiment de supériorité culturelle. Le cinéma ethnologique n'est pas entièrement maître de

9. M.H. Piault, « Du colonialisme à l'échange », in J.-P. Colleyn et C. de Clippel, « Demain le cinéma ethnographique ? », *Cinemaction* n° 64, 3e trimestre, 1992, p. 65.

ses effets, mais la forme qu'il exprime reste le seul terrain d'expérimentation où peuvent se rencontrer l'ethnologue, son objet, un public et les cultures que tous ces acteurs représentent.

2.3 Le courant postmoderniste

Le courant postmoderne américain, qui a transformé l'anthropologie en une entreprise de critique culturelle et de lecture intertextuelle, est d'une certaine façon (mais sans qu'il y ait apparemment de relation de réciprocité) une manière ultra-sophistiquée de construction et de déconstruction des (images des) textes. Une première remise en cause des évidences ethnologiques a été le fait de l'Américain Clifford Geertz, qui a élaboré dans les années 1970 une anthropologie interprétative. Il définit la culture comme une entité stylistique et expressive, comme un système symbolique en acte. Comme l'explique Paul Rabinow : « Partant de l'idée que les indigènes produisent des interprétations de leur propre expérience, la tâche de l'anthropologue est non seulement de comprendre la manière dont ils donnent forme à leurs vies (toujours au pluriel chez Geertz) mais dont ils problématisent cette mise en forme[10]. »

C. Geertz nous explique en effet qu'il ne faut pas opposer la description à la première personne à celle à la troisième personne ou, en reprenant une distinction du psychanalyste H. Kohut, les concepts « proches de l'expérience » et les concepts « éloignés de l'expérience ». Il faut jouer sur les deux tableaux pour éviter de tomber dans le dialecte (de l'indigène) ou dans le jargon (du savant). Il s'agit de comprendre «... comment, dans chaque cas, il faut y avoir recours de façon à produire une interprétation de la façon dont un peuple vit qui ne soit ni emprisonnée dans leur horizon mental, une ethnographie de la sorcellerie écrite par un sorcier, ni systématiquement sourde aux tonalités distinctes de leur existence, une ethnographie de la sorcellerie telle que l'écrirait un géomètre » (1986, p. 74).

Parallèlement à cette nouvelle théorisation des objets anthropologiques, se développe une lecture ou plutôt une relecture critique des textes ethnologiques, inspirée de la philosophie et de la critique littéraire française dite postmoderne

10. Notice sur Cl. Geertz dans P. Bonte, M. Izard (sous la direction de), *Dictionnaire de l'ethnologie et de l'anthropologie*, Paris, PUF, 1991, p. 384.

(R. Barthes, J.-F. Lyotard, J. Derrida). Reconnaissant la pluralité des voix dans l'ethnologie (dont celles des anthropologues des pays non occidentaux), mettant en cause l'objectivité de tout discours sur l'Autre, ces chercheurs proposent tout d'abord une déconstruction des modes classiques de représentation dans la discipline puisque cette dernière est implicitement, et depuis toujours, une critique culturelle de la société de l'anthropologue lui-même. L'anthropologie doit dévoiler les implications historiques et politiques de son projet. Elle devient un projet expérimental[11]. Les acquis de cette critique postmoderne méritent d'être connus, d'autant que certains de ses travaux portent sur l'ethnologie française. James Clifford nous offre ainsi de remarquables analyses de l'œuvre de Maurice Leenhardt et de Marcel Griaule[12]. Dans son texte « De l'autorité en ethnographie », l'anthropologue américain pose une question essentielle, à la fois politique, épistémologique et pratique : « Si l'ethnographe produit une interprétation culturelle, fondée sur une expérience de recherche intensive, comment transforme-t-on une expérience dépourvue de règles en récit textuel faisant autorité ? Plus précisément, comment une rencontre verbeuse, surdéterminée, entachée de rapports de pouvoir et d'intérêts personnels entrecroisés, sera-t-elle traduite et circonscrite pour devenir la version adéquate d'un "monde autre" plus ou moins discret, composée par un auteur individuel ? » (1983, p. 91). L'analyse des stratégies textuelles, des manières d'écrire, de lire, de traduire (à tous les sens du terme) ce que les autres disent ou nous disent est non seulement une forme de critique littéraire, voire d'histoire des idées, mais aussi une sociologie du pouvoir à l'œuvre : comment l'ethnologue impose aux autres sa présence et ses questions ; comment il comprend, interprète, manipule les réponses à des fins scientifiques, fins qui sont à peine sinon pas du tout comprises (ou en tout cas valorisées) par ses interlocuteurs.

---

11. Voir G. Marcus et M. Fisher, *Anthropology and Cultural Critique : an Experimental Moment in the Human Sciences*, Chicago, University of Chicago Press, 1986 ; et R. Darnell, « Deux ou trois choses que je sais du postmodernisme - Le "moment expérimental" dans l'anthropologie nord-américaine », *Gradhiva*, n° 17, 1995, pp. 3-15.
12. « Power and Dialogue in Ethnography - Marcel Griaule's Initiation », in G. Stocking Jr. (1983), *op. cit.*, pp. 121-156 ; *Maurice Leenhardt, personne et mythe en Nouvelle Calédonie* (Les Cahiers de Gradhiva, 1), Paris, J.-M. Place, 1987.

Cependant, à force de débusquer les stratagèmes de production des « énoncés » et des « discours », ces critiques finissent par confondre le monde réel et le monde des textes. D'ailleurs seul le monde des textes serait réel puisqu'il est le seul qui puisse témoigner de cette rencontre, de cette écoute, de ces dialogues. C'est pourquoi Clifford distingue différents types d'autorité comme les modes expérientiel, interprétatif, dialogique, polyphonique. Ces modes sont universels et ne sont aucunement le privilège des seuls anthropologues occidentaux.

Ce regard postmoderne est plus affaire de goût ou de style que d'école, et il ne constitue qu'une tendance, certainement minoritaire, de l'anthropologie américaine. Son utilité ne fait pourtant aucun doute si on admet ses limites. C'est ce que font ceux qui proposent de **recapturer l'anthropologie** pour la remettre au cœur de l'histoire politique et culturelle mondiale (Fox, 1991). L'anthropologie ne doit pas devenir une exégèse et parler uniquement d'elle-même. L'anthropologie et l'ethnologie font partie du tissu social à observer et à expliquer. Les utilisations, reformulations, assimilations « indigènes » des contenus et des « trouvailles » ethnologiques ne sont pas moins impures que les travaux publiés par des presses universitaires ou par les Éditions du CNRS. Le discours scientifique manifeste une forme dernière et ultime d'objectivation des contradictions sociales et culturelles qui font vivre l'anthropologie.

.

CONCLUSION : DU REGARD ÉLOIGNÉ AU REGARD PARTAGÉ

Le siècle écoulé a vu l'ethnologie et l'anthropologie naître et prendre une certaine place dans le concert des sciences sociales. Mais cette place semble toujours incertaine. Incertaine parce que les renouvellements constants de la discipline créent à chaque génération comme un flottement à son égard alors que, par ailleurs, l'ethnologie donne l'impression d'être amarrée par définition à l'étude de sociétés primitives… qui n'existent plus ! Cette dualité présente un caractère fonctionnel car l'Occident a toujours besoin de l'Autre (tout comme les nouvelles nations de la périphérie) pour des raisons idéologiques ou politiques, alors que l'ethnologie et l'anthropologie admettent qu'elles s'adonnent aujourd'hui à l'observation de « la réinvention de la tradition » plutôt qu'à celle de la tradition originelle, mythique (et mystificatrice).

Il est difficile d'établir un bilan définitif à cause de l'extrême diversité des anthropologies nationales qui manifestent certaines polarisations, mais tout cela est relatif dans la mesure où aucune « tradition » nationale ne présente de caractère homogène. La domination anglo-saxonne est un fait (du moins quantitativement) mais l'ethnologie française continue de faire plus ou moins bande à part sans en paraître particulièrement affectée[1]. L'anthropologie présente le douloureux paradoxe de se réclamer d'une tradition ancienne qu'elle ressasse sans arrêt alors que la difficulté à relire sérieusement sa propre histoire témoigne comme d'une amnésie congénitale. L'anthropologie est un perpétuel recommencement et tout choix, même anodin, en matière de terrain, d'idée, de méthode ou de genre, met en branle une série de relations et de représentations qui affecte la nature même de son projet.

Néanmoins, ce siècle d'ethnologie institutionnelle et professionnelle peut nous permettre de tirer quelques conclusions provisoires :

---

1. L'annuaire *Annual Review of Anthropology* est américain. À raison de 18 à 20 contributions par numéro et de deux cents références par article, nous aurions au bas mot, depuis un quart de siècle, un million de références anthropologiques au sens des quatre disciplines — anthropologie biologique, linguistique, archéologie et ethnologie — mais les références aux travaux français non traduits sont presque inexistantes !

1. La perspective anthropologique marque une volonté de totalisation de l'expérience humaine, individuelle et collective, mais le particularisme de certains de ses objets peut compliquer l'effort de comparaison.

2. L'enquête de terrain est indispensable mais les critiques politiques (rapport au colonialisme), postmodernes (le texte ethnologique ne peut que prouver l'autorité — scientifique ou tout simplement discursive — de l'ethnologue), tout comme les difficultés financières ou administratives la rendent vulnérable.

3. L'anthropologie affectionne la spéculation théorique et conceptuelle ; l'ethnographie sans idées (visibles ou préconçues) a vécu.

4. L'existence d'interlocuteurs locaux de plus en plus compétents (niveaux de formation, demandes sociales précises) remet en cause l'existence d'une ethnographie approximative, littéraire et subjective. La précision des faits (leur temporalité notamment) exclut l'amateurisme éclairé. Et pourtant, journalistes, experts, militants indigénistes ou culturels pensent produire une ethnologie de proximité plus accessible et utile que celle des discours savants. Une nouvelle crise de légitimité, internationale cette fois-ci, attend l'ethnologie qui vient à peine de résoudre celle de sa légitimité scientifique. Existe-t-il donc un seul modèle d'ethnologie ?

Au regard éloigné succède de fait un regard partagé. Ce regard est une métaphore car, plus que jamais, c'est d'une expérience globale qu'il s'agit et non simplement d'une écoute ou d'une observation. Ce partage définit une expérience mondiale dans son essence même puisqu'il n'existe plus de centre (de regard central, surplombant, paternaliste, blanc, masculin, etc.) et par voie de conséquence plus de périphérie non plus. Certains ont proposé une anthropologie réciproque[2], mais ce modèle ne fait que reconduire à l'envers les travers du regard éloigné. Le problème le plus important est celui de la diffusion des connaissances et de leurs modèles d'intelligibilité. Il ne s'agit pas de populariser un savoir ésotérique ou de céder à la démagogie des demandes sociales, culturelles, nationalitaires, ethniques ou indigènes. Il s'agit plus simplement de reconnaître que le discours sur soi est largement tributaire, pour ce qui nous concerne, de l'existence de l'Autre et que pour ce dernier, son identité reste encore largement façonnée par le discours que nous tenons sur lui.

---

2. Voir la tentative d'Alain Le Pichon, *Le Regard inégal*, Paris, J.-C. Lattès, 1991.

Ce processus de remise en cause de l'exotisme naturel de toute distinction, de toute distanciation, ne produit pas pour autant une interprétation moderne du monde tel qu'il est. L'anthropologie serait en un sens un mélange d'histoire et de science politique qui n'ose pas dire son nom puisqu'elle pense toujours au passé alors qu'elle parle au présent et que ses discours restent enfermés dans des relations hiérarchiques de soumission culturelle et intellectuelle. En tant que science sociale, l'anthropologie ne peut être communiquée telle quelle, c'est évident : l'élaboration scientifique est une chose, la vulgarisation en est une autre. Mais retournons les prémisses de la position postmoderne : que signifie un texte qui reste inaccessible à l'Autre ? Quelle est la portée d'une discipline qui n'arrive pas à imaginer la réinvention de l'ethnologie et de l'anthropologie par l'Autre ? Bref, sans transformer l'Iroquois, le Persan ou le Natchez de la littérature en ethnologue patenté, n'y aurait-il pas une question nouvelle qui s'impose, à savoir : les petits-fils ethnologues de ces figures culturelles comprennent-ils réellement le savoir produit à leur sujet ? Est-ce que le mimétisme d'une formation universitaire à l'occidentale suffit pour que l'Autre sache se voir aussi comme un Autre, un Autre qui soit un frère et non un objet dans un panthéon bibliographique occidental ? L'anthropologie n'est ni une religion à laquelle on adhère, ni une maladie qu'on contracte. Elle est d'un même mouvement un retour sur Soi et sur l'Autre considérés **ensemble**, mais l'habitude d'une relation à sens unique depuis cinq siècles n'autorise pas l'inversion de cette relation a produire les mêmes effets.

Il existe une mondialisation des expériences sociales et donc des manières de faire de l'ethnologie et de l'anthropologie. L'inégalité des héritages en la matière est néanmoins trop flagrante pour que la situation change du jour au lendemain : l'importation et l'adaptation de l'anthropologie dans ses versions les plus actuelles restent soumises à de rigoureuses contraintes institution-nelles, financières mais également intellectuelles et psychologiques. Trop souvent encore l'enseigne de ces disciplines affiche « Au bon sauvage ». Cela fait bien ringard mais c'est aussi une bonne forme de publicité et trop nombreux sont les chercheurs qui s'en tiennent là.

Comment donc élaborer une anthropologie de la modernité ? Ce n'est d'abord ni un objet en soi ni un nouvel objet puisque tous les champs de l'ethnologie relèvent de la modernité actuelle. Sans parler de populations en sursis, il est certain que l'ethnologie, pour rester ethnologie, doit se faire archéologie et histoire, afin que l'observation du présent soit, sans illusion et sans ambiguïté, celle du temps présent. Ce n'est pas non plus un substitut à un projet qui ferait semblant de s'actualiser alors que son passé disparaît de plus en plus rapidement. Enfin, il ne s'agit pas non plus d'un opportunisme de l'état de fait qui se contenterait de n'importe quel objet pourvu que le projet conserve son qualificatif prestigieux d'ethnologique ou d'anthropologique.

La démarche du détour proposée voici dix ans par G. Balandier conserve toute son efficacité puisque l'objectif premier est de comprendre et d'identifier les marques de la modernité, « les nouveaux territoires du social et du culturel, déroutants et non ou mal identifiés ». La modernité serait une tradition du nouveau et l'anthropologie est indispensable « lorsqu'il faut désigner des aspects actuels de la société ou de la culture sur lesquels les langages communs n'ont guère prise, qu'il s'agisse de nommer tribalisation certains éclatements du social, de manifester le puissant retour à l'oralité et à l'iconicité avec l'expansion des médias, de dire l'univers culturel informatique aussi déconcertant que celui étudié par un ethnologue, ou d'interpréter les productions de l'imaginaire contemporain à l'identique des mythes reçus d'une tradition » (1985b, p. 16).

Certes, cette comparaison est plutôt méthodologique puisque l'ethnologie recherche « *les régions de l'inédit* » et que son objet devient plutôt une façon de faire et de dire qu'une particularité sociale ou culturelle en soi. L'ethnologie reste cependant une science du temps présent : sa capacité d'écoute des oralités informelles, sa curiosité pour l'implicite ou l'informulé, la subtilité avec laquelle elle appréhende les phénomènes de masse (comme la société dite de consommation ou l'univers télévisuel), sa compétence pour reconstruire les « phénomènes sociaux totaux » (l'école, l'entreprise) devraient lui permettre de rester la méthode de base d'une anthropologie sociale ou culturelle qui se différencierait d'une anthropologie aux préférences cognitives et symboliques, au goût prononcé pour les structures prétendument permanentes des cultures et des pratiques[3].

---

3. Voir P. Woods, *L'Ethnographie de l'école*, Paris, A. Colin, 1990 et N. Feneyrol, *Apprendre l'entreprise comme société. Essai d'ethnologie dans l'entreprise*, Paris, Iresco, CNRS, 1993.

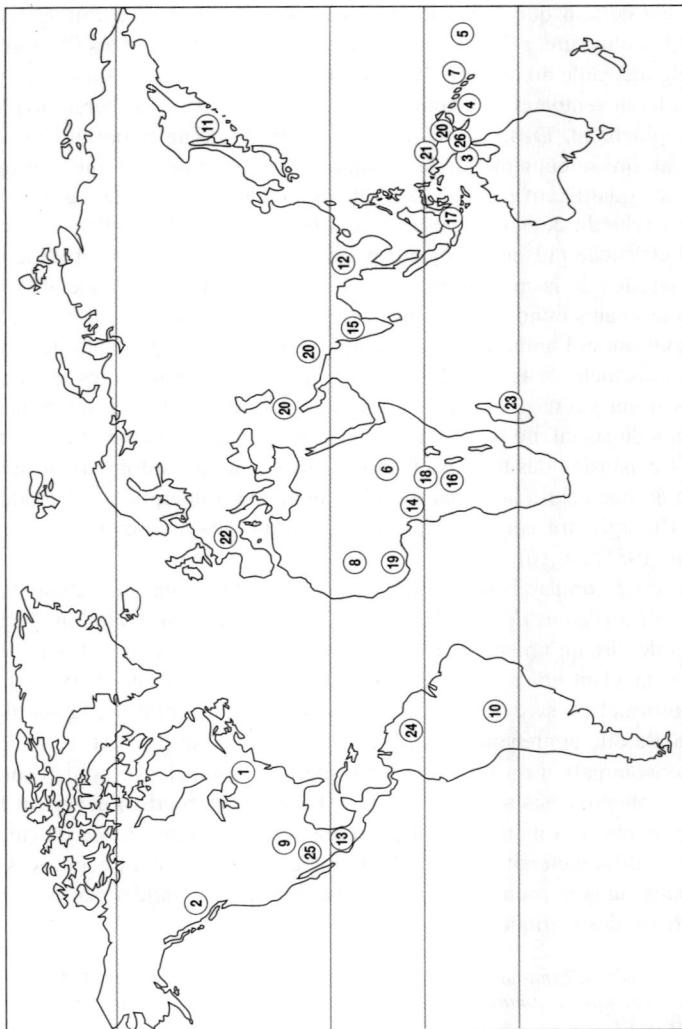

Localisation de vingt-six grandes enquêtes ethnologiques

26 GRANDES ENQUÊTES

	Auteur	Terrain	Date	Domaine	Caractéristiques générales
1	L.H. Morgan (É.-U.)	Iroquois (É.-U.)	1850	Théorie	1re enquête de terrain sur la parenté
2	F. Boas (É.-U.)	Jesup North-Pacific Expedition (É.U./Canada)	1896	Méthodologie	Interdisciplinarité et collecte documentaire intensive
3	A.C. Haddon (G.-B.)	Australie-Nouvelle-Guinée	1899	Méthodologie	Interdisciplinarité et collecte documentaire intensive
4	B. Malinowski (G.-B.)	Trobriand	1915-17	Méthodologie, théorie	L'observation participante
5	M. Mead (É.-U.)	Samoa/Îles de l'Amirauté	1925-29	Théorie	Culture
6	E.E. Evans-Pritchard (G.-B.)	Nuer (Soudan)	1930	Théorie	La monographie fonctionnaliste parfaite
7	R. Firth (G.-B.)	Tikopia - Îles Salomon	1928	Théorie	Economie ; suivi du terrain jusqu'en 1973
8	M. Griaule (Fr)	Dogon (Mali)	1931-48	Ethnographie	1er terrain français
9	J. Steward (É.-U.)	Pueblo Shoshone (É.-U.)	1930-36	Théorie	Théorie néo-évolutionniste et écologie culturelle
10	C. Lévi-Strauss (Fr.)	Nambikwara/Bororo (Brésil)	1936-38	Théorie	Le plus court terrain de la théorie la plus influente
11	A. Leroi-Gourhan (Fr.)	Japon	1939	Archéologie, ethnologie	Ethnologie de la technologie et préhistoire
12	E. Leach (G.-B.)	Kachin (Birmanie)	1940-45	Théorie	Un fonctionnalisme revu et corrigé

13	O. Lewis (É.-U.)	Mexique, Porto Rico	1943-64	Méthodologie	Le récit de vie pluriel et familial
14	G. Balandier (Fr.)	Fang/Bakongo (Afrique centrale)	1948-52	Théorie	Situation coloniale et messianisme
15	M.N. Srinivas (Inde)	Karnataka (Inde)	1948	Monographie	Indianisation de l'anthropologie sociale
16	M. Douglas (G.-B.)	Lele (Congo)	1949-53	Monographie, théorie	Vers une anthropologie sociale du symbolique
17	Cl. Geertz (É.-U.)	Bali - Java (Indonésie)	1952-53 1957-58	Théorie	L'anthropologie interprétative
18	C. Turnbull (É.-U.)	Mbuti (Zaïre)	1957-58	Idéologie	Un mythe ethnologique et culturel
19	C. Meillassoux (Fr.)	Gouro (Côte-d'Ivoire)	1958	Théorie	La première ethnie « marxiste »
20	F. Barth (Norvège)	Perse, Pakistan, Nouvelle-Guinée	1950-70	Théorie	Terrains contrastés et innovation théorique : de l'ethnicité
21	M.J. Meggitt (G.-B.)	Nouvelle-Guinée	1960	Méthodologie	La statistique appliquée à la parenté
22	Recherche coopérative sur Programme (Fr.)	Aubrac (France)	1963-66	Ethnographie	Synthèse microrégionale
23	G. Althabe (Fr.)	Madagascar	1960	Méthodologie, théorie	Une nouvelle forme du phénomène social total
24	N. Chagnon (É.-U.)	Yanomami (Venezuela)	1964-72	Méthodologie, idéologie	L'ordinateur sur le terrain, le mythe de la violence
25	C. Castaneda (É.-U.)	Yaqui (E.-U.)	1965	Idéologie	Enquête ou quête sur soi ?
26	M. Godelier (Fr.)	Baruya (Nouvelle-Guinée)	1967-79	Ethnologie, théorie	L'inégalité des sexes vue par un marxiste

BIBLIOGRAPHIE

1. Généralités et histoire

ABÉLÈS M., *Anthropologie de l'État*, Paris, A. Colin, 1990.

ADAM J.-M. *et al.*, *Le Discours anthropologique, description, narration, savoir*, Paris, Méridiens-Klincksieck, 1990. L'un des rares ouvrages en langue française d'analyse du texte ethnologique : restitution du terrain, techniques stylistiques, objectivation de l'autre.

ALTHABE G., FABRE D., LENCLUD G. (sous la direction de), *Vers une ethnologie du présent*, Paris, coll. « Ethnologie de la France », Cahier 7, Éditions de la MSH, 1992.

AUGÉ M., *Le Sens des autres - Actualité de l'anthropologie*, Paris, Fayard, 1994a.

AUGÉ M., *Pour une anthropologie des mondes contemporains*, Paris, Aubier, 1994b.

BARÉ J.-F. (sous la direction de), *Les Applications de l'anthropologie - Un essai de réflexion collective depuis la France*, Paris, Karthala, 1995. Ouvrage collectif sur l'utilisation pratique et politique aujourd'hui de l'anthropologie, à propos des minorités, de l'entreprise, du développement, de la santé.

BONTE P. et IZARD M. (sous la direction de), *Dictionnaire de l'ethnologie et de l'anthropologie*, Paris, PUF, 1991. Véritable encyclopédie portant sur les chercheurs, les grands thèmes, les théories, les aires culturelles. Peu fourni, hélas, sur l'anthropologie de la modernité.

CLIFFORD J., « De l'autorité en ethnographie », in *L'Ethnographie*, n° 2, 1983, pp. 87-118.

COPANS J. et JAMIN J. (textes réunis et présentés par), *Aux origines de l'anthropologie française*, Paris, J.-M. Place, 1994.

CUISENIER J. et SEGALEN M., *Ethnologie de la France*, Paris, PUF, coll. « Que sais-je ? » n° 2307, 1986.

DUCHET M., *Anthropologie et Histoire au siècle des Lumières*, Paris, Flammarion, 1978.

DESCOLA Ph. *et al.*, *Les Idées de l'anthropologie*, Paris, A. Colin, 1988. Des articles monographiques sur les notions de causalité, de fonction, de structure. Très abstrait.

FOX R.G. (ed), *Recapturing Anthropology -Working in the Present*, Santa Fe, School of American Research Press, 1991.

GHASARIAN C., *Introduction à l'étude de la parenté*, Paris, Seuil, coll. « Points » n° 318, 1995.

L'Homme, « Anthropologie - État des lieux », Paris, Le Livre de Poche, 1986.

KILANI M., *Introduction à l'Anthropologie*, Lausanne, Payot, 1992.

KUPER A., *The Invention of Primitive Society - Transformation of an Illusion*, Londres, Routledge, 1988.

MATHIEU N.C., *L'Arraisonnement des femmes, essais en anthropologie des sexes*, Paris, EHESS, 1985. Ouvrage collectif très critique qui remet en cause la tradition « masculine » mais propose aussi des approches concrètes.

MERCIER P., *Histoire de l'anthropologie*, Paris, PUF, 1966.

MIDDLETON J., *Anthropologie religieuse, textes fondamentaux*, trad. française, Paris, Larousse, 1974.

Musées et sociétés (Actes du colloque national - juin 1991 - Répertoire analytique des musées de Société en France 1980-1993) - ministère de l'Éducation nationale et de la Culture - Direction des musées de France - 1993. À la fois actes de colloque sur l'ethnologie muséale en France et répertoire d'une centaine de musées.

OLIVIER DE SARDAN J.-P., *Anthropologie et développement - Essai en socio-anthropologie du changement social*, Paris, Karthala, 1995a.

OLIVIER DE SARDAN J.-P., « La politique de terrain - Sur la production des données en anthropologie », *Enquête* 1, 1995b, pp. 71-109.

PAGDEN A., *The Fall of Natural Man - The American Indian and the Origins of Comparative Ethnology*, Cambridge, Cambridge University Press, 1982.

Peuples du monde, races, rites et coutumes des hommes, Encyclopédie Atlas, 10 vol., Lausanne, Éditions Grammont S.A., 1975. Ouvrage pour le grand public et illustré mais rédigé par des anthropologues anglo-saxons professionnels. Traite également des mondes occidentaux et russes.

POIRIER J. (sous la direction de), *Ethnologie générale*, Encyclopédie de la Pléiade, Paris, Gallimard, 1968. Synthèse qui date un peu (30 ans) mais toujours utile.

POIRIER J. (sous la direction de), *Ethnologie régionale*, 2 vol., Encyclopédie de la Pléiade, Paris, Gallimard, 1972. Synthèses ethnographiques très descriptives et finalement discutables.

ROULAND N., *Anthropologie juridique*, Paris, PUF, coll. « Que sais-je ? » n° 2528, 1990.

SEGALEN M. (présenté par), *L'Autre et le Semblable, regards sur l'ethnologie des sociétés contemporaines*, Paris, Presses du CNRS, 1989. Recueil collectif qui restitue bien les débats en cours entre l'ethnologie du lointain et celle de la France.

TODOROV T., *Nous et les Autres - La réflexion française sur la diversité humaine,* Paris, Seuil, coll. « Points », n° 250, 1989.

ZIMMERMANN F., *Enquête sur la parenté*, Paris, PUF, 1993. Réflexion originale, historique et parfois très technique. N'est pas une introduction mais peut être lu par un non-spécialiste de la parenté. Restitue la dynamique des idées.

2. Classiques

Il est impossible de citer et même de sélectionner les grandes œuvres de la discipline tant elles sont nombreuses. Nous ne mentionnons ici que celles qui ont été citées dans le corps de l'ouvrage.

AUGÉ M., *Théorie des pouvoirs et idéologie, étude de cas en Côte-d'Ivoire*, Paris, Hermann, 1975. Ouvrage fondateur de l'ethnologie du prophétisme et de l'idéo-logique.

BAILEY F.G., *Les Règles du jeu politique - Étude anthropologique*, trad. française, Paris, PUF, 1971.

BALANDIER G., *Sociologie actuelle de l'Afrique noire*, Paris, PUF, 1955.

BALANDIER G., *Anthropologie politique*, Paris, PUF, 1967.

BALANDIER G., *Anthropo-logiques*, Paris, Le Livre de Poche, 1985a.

BALANDIER G., *Le Détour - Pouvoir et modernité*, Paris, Fayard, 1985b.

BASTIDE R., *Anthropologie appliquée*, Paris, Payot, 1971.

CLASTRES P., *La Société contre l'État*, Paris, Minuit, 1974.

DURKHEIM E., *Les Formes élémentaires de la vie religieuse*, Paris, PUF, 1960 (1re édition 1912).

ENGELS F., *L'Origine de la famille, de la propriété privée et de l'État*, trad. française, Paris, Éditions Sociales, 1954 (1re édition 1891).

EVANS-PRITCHARD E.E. et FORTES M., *Systèmes politiques africains*, trad. française, Paris, PUF, 1964 (1re édition 1940).

GEERTZ C., *The Interpretation of Culture*, New York, Basic Books, 1973.

GEERTZ C., *Savoir local, savoir global - Les lieux du savoir*, trad. française, Paris, PUF, 1986 (1re édition 1983).

GLUCKMAN M., *Politics, Law and Ritual in Tribal Society*, Oxford, B. Blackwell, 1965.

GODELIER M., *Rationalité et irrationalité en économie*, Paris, F. Maspero, 1966.

GODELIER M., *Un domaine contesté : l'anthropologie économique,* Paris, Mouton, 1974.

GODELIER M., *La Production des Grands Hommes - Pouvoir et domination masculine chez les Baruya de Nouvelle-Guinée*, Paris, Fayard, 1982.

LEACH E., *Les Systèmes politiques des hautes terres de Birmanie*, trad. française, Paris, Maspero, 1972 (1re édition 1953).

LEIRIS M., *Cinq Études d'ethnologie*, Paris, Denoël, 1969.

LEROI-GOURHAN A., *L'Homme et la Matière* (I- *Évolution et technique* ; II- *Milieu et techniques*), Paris, A. Michel, 1946.

LEROI-GOURHAN A., *Le Geste et la Parole* (I- *Technique et langage* ; II- *La Mémoire et les rythmes*), Paris, A. Michel, 1964, 1965.

LEROI-GOURHAN A., *Les Religions de la préhistoire*, Paris, PUF, 1964.

LÉVI-STRAUSS Cl., *Anthropologie structurale*, Paris, Plon, 1958.

LÉVI-STRAUSS Cl., *Le Totémisme aujourd'hui*, Paris, PUF, 1962a.

LÉVI-STRAUSS Cl., *La Pensée sauvage*, Paris, Plon, 1962b.

LÉVI-STRAUSS Cl., *Anthropologie structurale deux*, Paris, Plon, 1973.

LÉVI-STRAUSS Cl., *La Voie des masques*, Paris, Plon ; éd. revue et augmentée, 1979.

LÉVI-STRAUSS Cl., *Le Regard éloigné*, Paris, Plon, 1983.

LÉVY-BRUHL L., *La Mentalité prélogique*, Paris, Alcan, 1922.

LEWIS O., *Les Enfants de Sanchez,* trad. française, Paris, Gallimard, 1963 (1re édition 1961).

LEWIS O., *La Vida - Une famille porto-ricaine dans une culture de pauvreté : San Juan et New York,* trad. française, Paris, Gallimard, 1969 (1re édition 1965).

MEILLASSOUX Cl., *Femmes, greniers et capitaux*, Paris, Maspero, 1975.

MEILLASSOUX Cl., *Terrains et Théories*, Paris, Anthropos, 1977 (recueil d'articles et notamment « Essai d'interprétation du phénomène économique dans les sociétés traditionnelles d'auto-subsistance », publié d'abord en 1960).

SAHLINS M., *Âge de pierre, âge d'abondance*, trad. française, Paris, Gallimard, 1976 (1re édition 1972).

SAHLINS M., *Au cœur des sociétés - Raison utilitaire et raison culturelle*, trad. française, Paris, Gallimard, 1980a (1re édition 1976).

SAHLINS M., *Critique de la sociobiologie - Aspects anthropologiques*, trad. française, Paris, Gallimard, 1980b (1re édition 1976).

VAN GENNEP A., *Les Rites de passage*, Paris, Nourry, 1909.

3. Études

ABÉLÈS M., *Jours tranquilles en 89, ethnologie politique d'un département français*, Paris, Odile Jacob, 1989.

APPADURAI A., « Global Ethnoscapes : Notes and Queries for a Transnational Anthropology », in Fox, *op. cit.*, pp. 191-210.

AUGÉ M., *Génie du paganisme*, Paris, Gallimard, 1982.

AUGUSTINS G., *Comment se perpétuer ? Devenir des lignées et destins des patrimoines dans les paysanneries européennes*, Paris, Société d'ethnologie, 1990.

BAYART J.-F., MBEMBE A., TOULABOR C., *Le Politique par le bas en Afrique noire - Contributions à une problématique de la démocratie*, Paris, Karthala, 1992.

BAZIN J. et TERRAY E. (textes rassemblés et présentés par), *Guerres de lignages et guerres d'État en Afrique*, Paris, Éditions des Archives contemporaines, 1982.

BROMBERGER C. (avec la collaboration de A. Hayot et J.-M. Mariottini), *Le Match de football - Ethnologie d'une passion partisane à Marseille, Naples et Turin*, Paris, Éditions de la MSH, 1995.

CONDOMINAS G., *L'exotique est quotidien, Sar Luk, Vietnam central*, Paris, Plon, 1965.

COPANS J., *Les Marabouts de l'arachide. La confrérie mouride et les paysans du Sénégal,* Paris, Le Sycomore, 1980 (édition revue et corrigée, L'Harmattan, 1988).

DARBON S., *Rugby mode de vie. Ethnographie d'un club - Saint-Vincent de Tyrosse*, Paris, J.-M. Place, 1994.

FAINZANG S. et JOURNET O., *La Femme de mon mari*, Paris, L'Harmattan, 1988. Analyse novatrice de la polygamie telle qu'elle est pratiquée en France par les immigrés d'Afrique noire.

GOODY J., *La Raison graphique. La domestication de la pensée sauvage*, trad. française, Paris, Minuit, 1979. Où l'anthropologie sociale se fait histoire et sociologie : l'invention du pouvoir et la signification de la distinction écrit/oral.

JOLAS T. *et al.*, *Une campagne voisine. Minot, un village bourguignon*, Paris, Éditions de la MSH, 1990.

LANGANEY A., *Les Hommes, passé, présent, conditionnel*, Paris, A. Colin, 1988. Ouvrage d'introduction à l'anthropologie dite physique ou plutôt biologique.

PRICE S., *Arts primitifs ; regards civilisés*, trad. française, Paris, École nationale supérieure des beaux-arts, 1995. Étude des commerces de l'art primitif et de leur manière de valoriser ce dernier.

POTIGNAT Ph., STREIFF-FENART J., *Théories de l'ethnicité*, suivi de F. Barth, *Les groupes ethniques et leurs frontières*, trad. française, Paris, PUF, 1995.

REED E., *Féminisme et Anthropologie*, trad. française, Paris, Denoël, 1979. Un des ouvrages les plus radicaux — et les plus discutables — d'une réécriture entièrement féministe de l'histoire de l'humanité.

SEGALEN M., *Mari et femme dans la société paysanne*, Paris, Flammarion coll. « Champs », n° 190, 1980.

WEINER A., *La Richesse des femmes. Ou comment l'esprit vient aux hommes (îles Trobriand)*, Paris, Le Seuil, 1983.

WILSON E.O., *L'Humaine Nature : essai de sociobiologie*, trad. française, Paris, Stock, 1979 (1re édition 1978).

WRIGHT S. (ed.), *Anthropology of Organizations*, Londres, Routledge, 1994.

WYLIE L., *Un village du Vaucluse*, trad. française, Paris, Gallimard, 1968 (1re édition 1957). Étude menée en 1948 par un anthropologue américain. Approche culturaliste classique qui a aussi valeur de témoignage historique.

YOUNG E., *Third World in the First – Development and Indigenous People*, Londres, Routledge, 1995.

4. Revues

Les revues professionnelles sont évidemment nombreuses. Citons :

American Anthropologist et *Current Anthropology* (États-Unis).

Man et *Anthropology Today* (Grande-Bretagne).

L'Homme, Terrain, Gradhiva, Journal des Anthropologues, Ethnies, Xoana - images et sciences sociales, Ethnologie française, Techniques et Culture (France).

Anthropologie et Sociétés (Québec).

Et l'annuel, *Annual Review of anthropology* (États-Unis) (depuis 1972).

ANTHROPOLOGIE VISUELLE - FILMOGRAPHIE

Le film ethnologique est à la fois une spécialisation de la discipline et l'un des meilleurs moyens de l'enseigner et de la faire connaître aux non-ethnologues. Un premier catalogue raisonné (hors commerce) établi par Marc H. Piault pour la Bibliothèque de France recense 2 500 titres. Il faut distinguer au sein des très nombreux ethnologues-cinéastes ceux qui poursuivent parallèlement réflexion anthropologique et réflexion filmique. Ce sont notamment le cas de :

D. et J. MAC DOUGALL, *To Live with Herds* (Ouganda, 1968).
D. et J. MAC DOUGALL, *Wedding Camels* (Somalie, 1976).
John MARSHALL, *N!ai, The Story of a !Kung Woman* (Botswana, 1976).
Jean ROUCH, *La Chasse au lion à l'arc* (Niger, 1966).
Jean ROUCH, *Moi un Noir* (Côte-d'Ivoire, 1957).
Timothy ASH, *The Feast* (Vénézuela, 1970).
Éliane de LATOUR, *Les Temps du pouvoir* (1992).
On peut ajouter les noms de J. Dunlop et de M. Llewelyn-Davies, *Maasai women* (Kenya, 1974).

Plusieurs chaînes de télévisions ont produit des séries plus spécifiquement ethnologiques. Citons :

The Disappearing World (Granada).
Under the Sun [BBC] ; la série produite par la chaîne de télévision japonaise N.H.K. et *Our Wonderful World* de Nippon A.V. Production.

Certains films sont disponibles dans des collections vidéo. Citons :
Les Films de ma vie (films de Jean Rouch).
Grand Format, La Sept vidéo (notamment les trois films sur la Nouvelle-Guinée de B. Connolly et R. Anderson).

Enfin, la collection anthropologie visuelle (EHESS/La Sept vidéo) propose trois films accompagnés de l'ouvrage de l'anthropologue :
1 - *Les Chemins de Nya - Culte de possession au Mali*, J.-P. Colleyn (1988) ;

2 - *Nkpiti - La Rancune ou le prophète*, M. Augé et J.-P. Colleyn (1990) ;
3 - *Les Temps du pouvoir*, E. de Latour (1992).

Notons enfin la tenue annuelle et régulière (en mars) à Paris de deux festivals importants « Le cinéma du réel » et « Le bilan du film ethnographique ».
Pour se renseigner, pour consulter sur place, et, dans certains cas, pour louer, signalons les institutions suivantes :

Audecam - ministère de la Coopération, 100, rue de l'Université, 75007 Paris. Tél. : 01 45 51 28 24. Dispose d'un catalogue.

Cinémathèque du CNRS - Audiovisuel (CNRS Audiovisuel - Diffusion), 1, place Aristide Briand, 92190 Meudon. Tél. : 01 45 07 56 85. Dispose d'un catalogue.

Cinémathèque de la Société française d'anthropologie visuelle, 5, rue des Saints-Pères, 75006 Paris. Tél. : 01 42 60 25 76. Prêt par abonnement auprès du Musée des A.T.P.

Le Comité du film ethnographique - musée de L'Homme, place du Trocadéro, 75016 Paris. Tél. : 01 47 04 38 20.

Groupe Anthropologie et Cinéma (Centre d'études africaines - EHESS), 54, bd Raspail, 75006 Paris. Tél. : 01 49 54 24 01. Base de données informatique (cinéma, photo, son).

Vidéothèque (ORSTOM/Centre de documentation en ethnomédecine/CNRS-audiovisuel/Mission du Patrimoine), 1 000 films à consulter - EHESS.

Enfin, voir les formations, stages et festivals organisés à Marseille par l'Institut méditerranéen de recherche et de création (IMEREC) - Centre Vieille Charité - EHESS, 2, rue de la Charité, 13002 Marseille. Tél. : 04 91 56 16 44.

Merci à Marc Henri Piault pour sa collaboration.

ASSOCIATIONS

Survival International (France) est la section française d'une organisation internationale fondée en 1969 à Londres (lieu du siège) qui défend les droits des peuples autochtones ou indigènes. Elle a des représentants dans 75 pays et le statut de consultant auprès de l'ONU, de l'UNESCO, de l'Union européenne et de l'OIT. Elle informe sur les effets destructeurs de certains projets de développement et organise des campagnes de sensibilisation mondiale. Elle intervient dans tous les pays du monde. Elle publie un bulletin, *Les Nouvelles* et une revue, *Ethnies*. Elle propose des fiches d'information.

Adresse : 45, rue du Faubourg du Temple
75010 PARIS
Tél. : 01 42 41 47 62

L'Association Française des Anthropologues (AFA) regroupe plusieurs centaines de chercheurs confirmés et de jeunes chercheurs ou doctorants. Elle recouvre l'ensemble du spectre de la discipline. Elle publie le *Journal des Anthropologues* (4 numéros par an) et un bulletin d'information, *Les Nouvelles brèves*.

Adresse : AFA - EHESS
1, rue du 11 Novembre
92120 MONTROUGE
Tél. : 01 46 12 18 65

Imprimé en France par IFC. Saint-Germain-du-Puy 18390.
N° éditeur : 10094055- (VI) - (17) - OSBS 80°
Dépôt légal février 2002. N° d'imprimeur : 02/158